政治に正解はあるのか

岩崎正洋 編著

日本経済評論社

政治に正解はあるのか——目次

序　章

政治は身近なものなのか、それとも遠くのことなのか

人生に正解はあるのか

生きていくのに正解はない。何らかの問題に直面したときにどのような解決策を選択するかは人それぞれだし、そのときに選んだ一つの解決策が「正解」であるとは限らない。生きていくのに解決しなければならないことは多く、常に選択がともなう。たとえば、大学選びをどうするか。何学部にするか。卒業後はどうするか。就職先をどうするか。結婚するか否か、誰と結婚するか。どこに住むか。戸建てにするかマンションにするか。新しくスマートフォンを買い替えるか、しばらく次の機種が出るのを待つか、などなど。

もちろん、本人の納得できる解決策を選ぶことが「解答」であるとしても、それが正しいとは限らない。後々ふりかえったときに、あのときの選択は間違っていたと後悔することもあり得る。他人がみれば間違いだと思えることでも、本人からすれば正しいという場

合もある。

生きていくためには「解答」はあるが、それが「正解」であるとは限らない。何が正解で何が不正解であるかは、案外と本人も見極め難く、他人の目からすれば、なおさら判断し難いことかもしれない。

そうだとすれば、生きていくのに解答はあるが、必ずしも正解はないといえるのではないだろうか。ある人にとっての正解が他の人にとっては不正解であるかもしれない。親にとっての正解が子どもにとっては不正解かもしれないし、その逆の場合もあり得る。同様に、高齢者にとっての正解が若者にとっての正解とは限らないし、逆もしかりである。そう考えると、やはり人が生きていくのに解答はあるとしても、正解があるとは言い難いように思われる。

一人ひとりの名前や顔が違うのと同様に、一人ひとりの考え方や価値観は異なっており、何が良いとか悪いとかという判断基準も人によって異なる。自分のまわりを見回しても、クローン人間の集団でもない限り自分と全く同じ人間はいないのだから、人間集団（いいかえると、社会）において、人と人との違いによる何らかの対立やトラブル、衝突や紛争、ときには戦争さえも発生する可能性があることは否めない。

政治にも正解はないのか

今日では、伝統的な結婚についての見方と異なる立場がみられるようになった。結婚するカップルが婚姻後の名字をどうするのかという点が、選択的夫婦別姓の問題として注目を集めている。伝統的に日本では、女性が嫁ぐことは男性の家に入ることを意味し、女性は結婚後に夫の名字を名乗るようになる。女性にとって結婚前の名字は旧姓とされ、嫁ぎ先の姓を生涯にわたって名乗りつづけ、嫁ぎ先の墓に入ることが当然視されてきた。選択的夫婦別姓をめぐっては、結婚後に妻が夫の姓を名乗るのではなく、結婚前の姓をそのまま名乗りつづけるという選択を可能にすることが議論されている。

結婚における男性と女性という性の差についても、従来とは異なる視点から議論されるようになった。いまや同性婚も結婚の一つのかたちとして捉えられており、結婚は男性と女性との間でなされるという見方も成り立たなくなっている。その文脈でいえば、結婚に限らず恋愛についても、異性を恋愛対象とすることだけが前提となるのではなく、同性間の恋愛も特異なことではないと考えられるようになった。また、自分の認識している性と身体的な性との差異を感じる人のことを考えると、人びとの多様性を尊重するためには伝統的な考え方や価値観にしばられず、さまざまな点について従来型の発想を転換することが求められている。

選択的夫婦別姓にせよ同性婚にせよ、あるいはＬＧＢＴＱ＋にせよ、これらについては人それぞれの考え方や価値観がある。結婚後に夫の家の名字を名乗るべきだというのが正しいとか間違っているとかということはできないし、どちらが正解であるとも言い難い。同様に、同性間の結婚についても正しいとか間違っているとかということは、誰にも判断することはできない。そこには、人それぞれの考え方や価値観が存在しており、自分と異なる立場を真っ向から否定することはできない。ある人は選択的夫婦別姓に賛成したとしても、別の人は反対するかもしれない。また、ある人は同性婚に賛成するかもしれないが、他の人は反対するかもしれない。

ＬＧＢＴＱ＋については、一人ひとりの違いを認めることができるか否かということにかかわり、人びとの多様性を受け容れるか否かということにもつながる。この点に関連して、日本の国会議員や政府高官による性的マイノリティに対する差別的な発言が繰り返される実態は、社会における多様性を尊重する立場とは相容れない。政治の中心にいる一部の人びとが今もなお伝統的な見方にしばられている一方で、他方では既に多様性を尊重しようとしている人びとがいることも確かである。

その結果として、人びとの間には対立が生じる可能性がある。現実問題として、自分とは異なる考え方や価値観を受け容れることができるか否かは、まさに「言うは易く行うは難し」である。よほど親しい人であれば、異なる立場をとる相手のことを少しでも理解しようとしたり、どうにかして差異を受け容れようと努めたりするかもしれないが、異なる立場をとる見ず知らずの人びとの存在を想像し、その人たちのことに思いを馳せるのは容易なことではない。

自分と共通する考えや価値観をもつ人同士がお互いを理解し、同じ立場の人同士で集まることは比較的に実現しやすい。しかし、全く異なる立場の人びとと一か所に集まることがスムーズにできるのか、仮に集まらないまでもお互いの存在を理解し、お互いを尊重しあうのは容易なことではない。それだからこそ、社会においては対立が避けられないのであり、そこには「政治」がみられるようになる。

ある政党が選択的夫婦別姓を重視して、結婚に際して制度的に認めようと主張した場合に、賛成者はその政党を支持するであろうし、反対する人は他の政党を支持するであろう。選択的夫婦別姓について明確に反対の立場をとる政党があれば、反対者はその政党を支持する可能性がある。政党もまた、ある問題について明確な立場をとることにより、支持を集めようとするし、多くの支持を獲得するためには可能な限り、さまざまな問題に対応可能であることを政党は主張する。それに成功し、選挙で勝利した政党が政権を獲得できる。

選挙結果は、そのときの有権者がどのような判断を行ったかを反映したものに過ぎない。多くの有権者の支持によって大勝を収めた政党が正しいわけではないし、選挙結果によって「正解」というお墨付きをもらうのでもない。あくまで多くの人びとがその時点において行った選択であり、その時点での「解答」でしかない。

その意味で、選挙結果は終わりではなく、そこから先の政治の始まりとして位置づけられる。そこから始まる政治が何を行うのか、また、人びとが政治によって何を得るのかについては、次の選挙までの政治を観察しつづけなければわからない。さらに、人びとが政治をどのように評価するのかについては、次の選挙結果が示されるまで待たなければならない。したがって、一概に政治に正解があるとはいえないし、性急に政治に正解を求めることはできないのである。

政治の本質とは何か

政治は対立するところに存在する。対立がみられないところでは、政治のもつ本来の特質がみられず、政治現象を観察することはできない。それでは、政治とは何か。政治学は主に政治現象に焦点を絞りながら研究が蓄積されてきたが、とりわけ政治の本質については、昔からさまざまな政治学者が言及してきた。

もっとも古いところでは、アリストテレス（Aristotle）が「政治学」に関する最初の書物を著した際に次のように述べている。

国はその本性上一種の多数であって、より以上に一つなれば、国は国たることを止めて家になるだろうし、家は人になるだろう……家は国に比してより以上に一つであり、一人の人は家に比べて、より以上に一つであると言うことが出来ようから。従って人はたといこのことを為すことが出来るにしても、為すべきではない。それは国を破壊することになるからである（アリストテレス、第二巻第二章）。

アリストテレスの指摘だけではイメージがつかみにくいかもしれない。彼は「一つ」にできたとしても、するべきではないというのだから、国家内がいくつかに分かれていたり、何らかの違いが存在したりすることを前提に考えているようにみえる。レオ・シュトラウス（Leo Strauss）は、政治が対立を含むものであるという点に関連して、次のように書いている。

政治的な事柄は、その本性からして、是認されたり否認されたり、選択されたり拒否されたり、称賛されたり非難されたりすることを必要とする。中立的であることがその本質であるのではない。そうではなく、人々の服従や忠誠、裁決や判決を要求することがその本質なのである。政治的な事柄は善や悪、正義や不正義というような用語によって判断されるべきだという、公然あるいは隠然となされている主張が真剣に考えられることがなければ、つまりそれらが善や正義のなんらかの基準によって計られるのでなければ、政治的な事柄はそれらの本来的な姿では、つまり政治的な事柄としては、理解されないのである（シュトラウス、一九九二、七 - 八頁）。

さらに、モーリス・デュベルジェ（Maurice Duverger）はより詳しく、政治が対立するところでみられることを次のように指摘している。

政治がいかなる時いかなる所においても、相反する価値や感情をふくんでいることこそ、政治の本質であり、その固有の性質であり、その真の意義である。二つの顔をもったギリシア神ヤヌスのイメージこそ、国家の象徴にほかならないのであり、政治の最も深い現実を表わすものである。国家――ヨリ一般的にいえば、社会の制度化された権力――は、常にそしてどこにおいても、ある階級の他階級支配の手段となり、前者の利益、後者の不利益になるように利用される。とともにまた、ある社会秩序を確立し、すべてのものを社会のなかに統合する手段となり、公共の福祉をも目指すのである。第一の要素と第二の要素の比重は時代や状況によって、また国民によって異なるが、両要素は常に共存する。しかも闘争と統合の関係は複雑である。およそ既存の社会秩序に挑戦するものは、ヨリすぐれたヨリ真正な秩序のイメージや計画である。すべて闘争は統合の夢を宿し、それを具現しようとする努力にほかならない。多くの思想家の主張によれば、闘争と統合は相反する二局面ではなくて、ただ一つの同じ全体的過程であって、闘争は自ら統合を生じ、対立はその対立自体を通じて対立そのものを排除し、調和のある共同体の実現を目指すのである（Duverger 1964=1967: 7）。

これらにざっと目を通すだけでも、政治の本質がどのようなものなのかを簡単にイメージすることができる。これらに共通しているのは、政治が対立を含むものであり、対立のあるところでみられ、二者択一のものであることを示している点である。どの政治学者も国会とか首相官邸とかという特定の場所でみられるものが政治だとは述べていないし、政治を行うのが特定の誰かという説明を行っているのでもない。むしろ「人」と政治とのかかわりに目を向けており、政治が密接に人びととかかわっていることを論じている。

政治が対立するところでみられ、対立のないところではみられないとすれば、政治の範囲は限定されず、無限定的なものとなる。たとえば、選択的夫婦別姓などに対する賛否は、一人ひとりの考え方や価値観によって異なるが、異なる立場のもの同士が真っ向から対立したり、選挙において政治家や政党が政策の課題として争点化したりすると、個人レベルの問題ではなく、政治の問題となり、政治における対立軸となる。結婚したら名字をどうするのかという個人レベルの問題が対立を含むことにより、賛成か反対かをめぐり政治の問題へと拡大してしまう。政治の範囲が限定されないため、政治は伸縮自在なのである。

それだからこそ、政治には対立するもののなかから何か一つを選択するという行為がともなう。ＬＧＢＴＱ＋をめぐり、社会における人びとの多様性を受容するのか、それとも拒否するのかという対立が生じた場合には、たとえば、同性婚に賛成か反対か、いずれか一方の選択を行わざるを得ない。いつまでも相対立する価値観や感情を放置しておくわけにはいかないし、相対立する選択肢のなかから選択を行い、政治の問題を解決していくことが必要になる。

選択は、賛成か反対か、是認か否認か、賞賛か非難か、受容か拒否かという二者択一であり、そこには相対立する考え方や価値観、感情が存在する。一人ひとりの考え方や価値観の違いがある限り、さらにいえば好悪の感情さえも消し去ることができない限り、人びとの間に対立が生じる可能性は存在し、人びとから切り離すことができないものとして政治を位置づけざるを得ない。一人ひとりの違いに対して、正しいとか誤りとかという判断を誰かが一方的に行うことはできず、政治においても正解とか不正解とかという判断を容易に行うことはできない。政治に何らかの解答があるとしても、誰もが満足するような正解はないといえるのかもしれない。

民主主義も正しいとは限らない

人びとの間でみられる対立をどのように取り扱うことができるのであろうか。それを考える一つの手がかりは「民主主義」である。さまざまな場面で「民主主義」という言葉を耳にしたり目にしたりするが、それがどのような意味なのかについて、誰もが共通した理解をもっているとはいえない。

民主主義は良いものであるとか、正しいものであると思われがちであるが、果たしてそうだろうか。独裁政治は悪いことであるが、民主主義（ないし民主政治）は良いものであるという前提に立ち、民主主義そのものについて深く考えず、思考停止の状態に陥っていないだろうか。民主主義それ自体が抱える問題や、民主主義の限界、民主主義の機能不全などについて考える必要はないのだろうか。人びとは、過度に民主主義を高く評価しているのではないだろうか。本当に人びとは民主主義を受け容れているのだろうか。

民主主義という言葉から、このような点が懸念されるが、次の指摘は民主主義について考える際に気を付けなければならないことを端的に示している。

「民主主義」（デモクラシー）という言葉は、ある種の魔法の言葉である。誰も「民主主義」に反対することはできない。すべての人びとが「民主主義」に賛成する。だが、同時に、人びとはすべて、他の人が賛成し、受けいれている「民主主義」が、自分の「民主主義」と同じ内容をもっていると考えている。私とあなたが「民主主義」に賛成するとき、私の「民主主義」とあなたの「民主主義」とが、まるで違った内容をもっているとは夢にも考えない。

だが、現実には、すべての人びとが考えている「民主主義」の内容は、ひとによってまったく異なっている。だから、同じように「民主主義」に賛成している人びとのうちのひとりが、「これが私の民主主義だ」と叫ぶと、とたんに隣の人が「それは誤りだ、本当の民主主義はこれだ」と叫ぶことになる。こうして、すべての人びとが「民主主義」に賛成しながら、すべての人びとが「民主主義」をめぐって対立することになる（白鳥、一九八四、一頁）。

なるほど、民主主義という言葉をめぐっては、誰もが納得するような定義がみられない。さまざまな政治学者が民主主義について論じ、それぞれ民主主義の定義を提唱しているが、いまだに「これだ」という一つの定義が政治学者の間で広く受け容れられるようになったわけでもない。民主主義をどのように規定するかということ自体が政治学の一つのテーマであり、いまだにそれがつづいているのも実際のところである。政治学の専門家ですらそうなのだから、一般の人びとの間で「民主主義」の内容が共通して理解されているとは考えにくい。

　また、日本の政党も民主主義の内容をめぐって対立している。自由民主党の「民主」、立憲民主党の「民主」、国民民主党の「民主」はいずれも「民主主義」を意味するにもかかわらず、各党の主張は異なり、各党の差異は一目瞭然である。政党ごとに民主主義の内容や理解は異なり、それぞれの党が独自の主義や主張をもつ。それだからこそ、自由民主党も立憲民主党も国民民主党も、同じ一つの政党としてまとまるのではなく、異なる政党に分かれて活動している。その結果として、政党の対立が政治の現実の姿となり、政治はまさにデュベルジェが表現したように、統合のための闘争が繰り広げられるところでみられることになる。

　たとえば、自由民主党、立憲民主党、国民民主党の三党がそれぞれ異なる「民主主義」の内容を提示したとしても、いずれか一つが民主主義だとはいえない。各党の掲げる政策は、各党が考える民主主義を実現するための具体的な提案であり、有権者は自分の考えや価値観にもとづいて、選挙の際に一つの政党を選択する。いいかえると、一人ひとりの有権者は自分の考える「民主主義」と一致（ないし近似）する「民主主義」を実現しようとする政党を支持し選挙で選択する。

自由民主党のいう民主主義が正しいとか、立憲民主党のいう民主主義が正しいとか、あるいは国民民主党のいう民主主義が正しいということではない。もちろん、どの政党の民主主義が正しくないということでもない。ここでもまた、一人ひとりの考え方や価値観の違いがみられる点に注目すべきであり、そこには解答があるとしても、正解はない。有権者が選挙でいずれかの政党を選択することは、その時点での解答であり、それが正解か誤りかを容易に判断することはできない。

そう考えると、「民主主義」という言葉は魔法の言葉として捉えることができるし、誰もが民主主義に反対はしないが、民主主義の内容をめぐって対立するというのもうなずける。しかし、対立の先に解答があるとしても、正解は容易にみつけられない。それが政治なのだし、人間集団においては避けられない。

多くの人びとによって支持された結果として、選挙で勝利した政党の役割は、その時点における多数者の選択を実現することである。選挙で負けた政党を支持した人びとの選択が正しくなかったというのではなく、将来への選択肢として位置づけられる。もしも多数派の選択が誤っていたら、少数派の選択がそのときには代替的なものとなる。したがって、民主主義においては、相対立する選択肢のなかから一つが選択されるとしても、選択されなかった他のものは棄却されるのではなく、将来の選択肢として尊重されることになる。

民主主義という言葉の語源は、古代ギリシアにまでさかのぼる。古代ギリシアの都市国家では、人びとの直接参加による政治がみられ、多数者（デーモス）による支配（クラティア）が実践されていた。多数者による支配、すなわち「デーモスによるクラティア」という言葉は「デーモクラティア」、英語の「デモクラシー（democracy）」という用語へと変容を遂げて現在に至っている。その意味で、民主主義は語源の通り、多数者の権力にもとづくものであり、多数派による選択をまずは受け容れることが必要になる。

民主主義は一人ひとりの自由と平等を保障し、法律をつくる人間も法律でしばり、法の下の平等を前提とし、責任を問うことを前提としている。それだからこそ、民主主義における決定には、正統性（legitimacy）がともなう。多数派が正しくて少数派が正しくないというのではなく、多数派であれ少数派であれ、両者の関係は平等であり、少数派が将来の選択肢たり得ることを忘れるわけにはいかない。多数派の選択に正統性を付与することにより、多数者による支配が実現する。そこには正統性があるがゆえに責任が問われる。

したがって、民主主義は、選択＝決定がなされることを前提としており、あらゆる人びとが決定過程にかかわりあうことによって選択＝決定された結果に正統性を与える。すべての人が満足するような決定がなされなかったとしても、（それに納得するか否かにかかわりなく）すべての人には結果を受け容れることが求められる。そうすることによって、民主主義は人びとの間における対立を取り扱い、未来に目を向けていくのである。

どのような未来を選択するのか。将来の自分にとっても、未知の人びとにとっても正解となるような選択を行うには、少しでも政治について理解したり考えたりすることが必要になる。政治学は、その際のナビゲーターとして何よりも役立つのだと思う。

参考文献

アリストテレス／山本光雄訳（一九六一）『政治学』岩波文庫。

岩崎正洋（二〇一五）『比較政治学入門』勁草書房。

岩崎正洋編（二〇一七）『日本の政策課題』八千代出版。

シュトラウス、レオ／石崎嘉彦訳（一九九二）『政治哲学とは何か――レオ・シュトラウスの政治哲学論集』昭和堂。

白鳥令（一九八二）「まえがき」白鳥令編『現代政治学の理論（下）』早稲田大学出版部。

白鳥令（一九八二）「現代政治学の理論的系譜――現代政治学のアイデンティティを求めて」白鳥令編『現代政治学の理論（下）』早稲田大学出版部。

白鳥令（一九八四）「はしがき」白鳥令・曽根泰教編『現代世界の民主主義理論』新評論。

白鳥令（一九九〇）「現代政治学と政策決定の理論」白鳥令編『政策決定の理論』東海大学出版会。
Duverger, Maurice（1964）*Introduction à la Politique*, Gallimard（横田地弘訳（一九六七）『政治学入門』みすず書房）.
Strauss, Leo（1959）*What Is Political Philosophy?: and Other Studies*, University of Chicago Press（飯島昇藏他訳（二〇一四）『政治哲学とは何であるか?とその他の諸研究』早稲田大学出版部）.

第1章　なぜ少子化が進むのか

少子化が進む日本

最近、「少子化」という言葉を耳にする機会が多い。だが、子どもが少なくなっていることを実感している人はどれぐらいいるだろうか。あまり、いないかもしれない。

しかし、数字を見てみると、子どもの数が減少し、それが社会の姿を変えてきたのは明らかだ。地方では、子どもの数が減ったため学校が閉校し、通っていた学校がなくなってしまったという人も大勢いる。

子どもが減っているというのは、そもそも出生数が少なくなってきたということである。図1-1は第二次世界大戦後の出生数と合計特殊出生率（一五～四九歳の女性の年齢別出生率を合計したもので、女性が生涯に産む子どもの平均数を表すものと解釈される）の推移を示している。一九七一～七四年の「第二次ベビーブーム」が過ぎた後は、出生数は減少を続

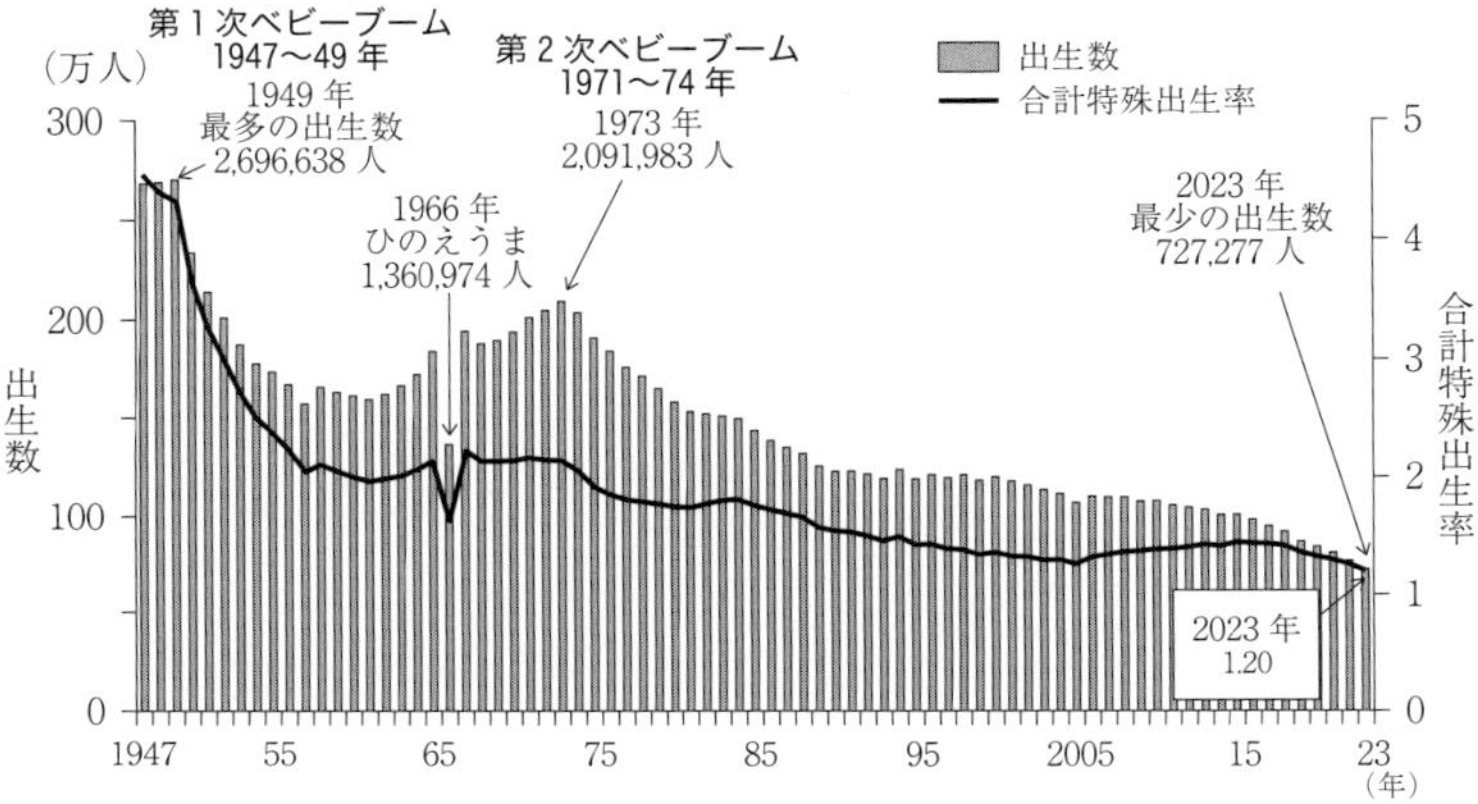

出所：厚生労働省（2024: 4）を一部修正して作成。

図1-1　出生数および合計特殊出生率の年次推移

けており、二〇二三年の出生数は七二万七二七七人となった。これは戦後最も少なく、第二次ベビーブームの頃と比べると約三分の一にまで減っている。出生率も長期的に漸減傾向にあり、一九七三年には二・一四だったが、七〇年代後半以降は人口置換水準（人口規模を一定に保つのに必要な出生率で、現代の日本では二・一弱）を下回るようになり、二〇二三年には戦後最低の一・二〇となった。

　出生率が人口置換水準を下回る状態が続くと、国外からの流入人口が大幅に増えない限り、人口は減少しはじめる。実際、外国人を含む日本の総人口は二〇〇八年の一億二八〇八万人をピークとして、その後はほぼ一貫して減少傾向にある。二三年（一〇月一日現在）の総人口は一億二四三五万人（日本人人口は一億二一一九万人）となり、〇八年と比べて約三七〇万人減少した（総務省統計局、二〇二四）。三七〇万人減という数字は、県でいえば静岡県、市でいえば横浜市が丸ごと消滅してしまったのとほぼ同じである。なかなか衝撃的な数字ではないだろうか。

結婚を妨げるもの

なぜ、少子化が進んできたのだろうか。その理由を考えるためにも、まずおさえておきたいのは、子どもが産まれるまでには結婚と出産の二つの段階があるという点だ。出産はわかるにしても、なぜ結婚が重要なポイントになるのだろうか。もちろん、結婚（法律上正式な婚姻の手続きをとること）をしなくても子どもを産むことは可能である。フランスなど諸外国では結婚をせずに子どもを生み育てるカップルやシングルマザーも多い。しかし、日本では婚外子の割合が非常に少なく、出産する人は、大抵はすでに結婚している人である。子どもを産むのであれば結婚をするべきであるという、社会的規範が日本社会では強い。結婚する人が多いか・少ないかが、出生数に影響を及ぼすことになる。

そのため、少子化の直接的な要因として、まず重要なのは、未婚化が進んでいるということである。未婚化とは、「晩婚化」（初婚年齢の上昇）や「非婚化」（結婚そのものをしない人の増加）の傾向が強まってきていることを指す（松田、二〇二一）。

あなたは、将来、結婚したいだろうか。結婚するとしたら何歳ぐらいをイメージしているだろうか。二〇代だろうか、それとも三〇代だろうか。男性と女性とで答えは違うかもしれない。

世の中の平均はどうだろうか。二〇二一年時点の平均初婚年齢は男性が三一・一歳、女性が二九・七歳である。三〇歳前後というのが平均的である。これに対して、今から半世紀前の一九七五年当時は、男性が二七・〇歳、女性が二四・七歳であり、二〇代で結婚するのが一般的だった（こども家庭庁、二〇二四a、二一頁）。この五〇年間で、男女ともに結婚する年齢が四～五歳程度遅くなってきた。このような晩婚化は晩産化、すなわち出産年齢の上昇につながる。結婚が遅くなれば、その分だけ子どもを産む年齢も遅くなる。詳しくは後述するが、晩婚化・晩産化が少子化の一つの要因になっている。

結婚をしたくない、考えていないという人もいるだろう。実際、近頃では非婚化、すなわち結婚そのものをしない人も増加傾向にある。婚姻件数や婚姻率は減少傾向にあり、それと同時に生涯未婚率（五〇歳時点で結婚経験がない人の割合）が上昇している。半世紀前の生涯未婚率は数％に過ぎず、ほとんどの人が結婚していた。しかし、未婚率は年を追うごとに高まり、最近では男性は三割弱、女性は二割弱の人が未婚のままである（国立社会保障・人口問題研究所、二〇二四、表6-23）。

未婚化の要因としてはさまざまなことが考えられるが、一つは、結婚の自由化である。かつてであれば、結婚するのか、それともしないのかという選択肢は事実上存在せず、二〇歳代の「結婚適齢期」になれば男女ともに結婚することが当然とされ、周囲からのプレッシャーもあった。現在では恋愛結婚が主流だが、以前は見合い結婚の割合が高く、結婚相手も自分の意思とは関係なしに決まることもあった。しかし近年では、結婚をする・しない、結婚するなら誰と結婚するのかも個人の選択に委ねられている。「結婚適齢期」という言葉も久しく聞かれない。そのこと自体は個人の自由が広がったという点で、むしろ好ましいことだろう。結婚したい人もしたくない人もともに、不都合やプレッシャーを感じずに過ごせる社会の方が生きやすいはずである。

今一つの要因としては、経済的条件の悪化が考えられる。経済的条件の悪化は「結婚したくてもできない」という状況を生み出す。今日でも、とくに男性は「一家の大黒柱」としての役割が期待され、あるいはそのように自己認識しているため、経済力が結婚の成否を握る重要な要素となっている。非正規雇用や年収が低い男性の方が婚姻率が低いというデータもある（桐原、二〇二二、三頁）。一九九〇年代初頭のバブル景気崩壊以後、日本経済は長期的に低迷し、二一世紀に入っても賃金はほとんど上がらなかった。雇用の流動化が進み非正規雇用が増加するなど、若年層を取り巻く雇用環境や経済条件が悪化してきたことも、未婚化の背景にある。

出産を妨げるもの

少子化に直結する二つ目の要因として、有配偶出生率の低下がある。以前と比べて、結婚した夫婦が子どもを産まなくなってきたということである。

結婚をするとして（あるいは結婚はしないとしても）、将来、何人ぐらいの子どもをもちたいと考えているだろうか。あるいは、子どもはもちたくないだろうか。既婚者に対する調査では、一九九〇年代前半は理想の子ども数は三人以上という回答が最も多い一方で、予定の子ども数は二人という人が多かった。しかし最近では、理想の子ども数、予定の子ども数ともに二人が最も多く、一人やゼロという人も徐々に増えてきている（国立社会保障・人口問題研究所、二〇二三、六九頁）。夫婦が最終的に何人の子どもを産んだのかを示す指標である完結出生児数（結婚持続期間が一五～一九年の夫婦の平均出生子ども数）を見ると、以前は二人台で安定していたが、二〇一〇年以降は二人を下回るようになり、二一年の調査では一・九〇になった。一人っ子や子どもがいない夫婦が増加しているためである（国立社会保障・人口問題研究所、二〇二三、五四－五六頁）。

夫婦の出生児数が減ってきた背景として、晩婚化が進み、それにともなって出産年齢も後ろ倒しになってきたということが挙げられる。いわゆる高齢出産（一般的には三五歳以上で第一子を出産することを指す）もかつてより増加しており、二人目や三人目の子どもを産むのは体力的にも大変である。年齢の上昇とともに妊娠や出産にともなう健康上のリスクや不妊の可能性が高まることも、出生数の減少に結びついていると考えられる（京極・高橋編、二〇〇八、四九頁）。

子育ての環境が十分に整備されていないため、子どもを生むことを諦めざるを得ない人もいるだろう。共働き世帯が多くを占めるなか、仕事をしながら子どもを生み育てるには、保育園の整備などを通じた社会的サポートが不可欠となる。一九九〇年代以降、少子化対策の一環として保育園の増設が進められてきたものの、今もなお、都市部を中心にして保育園に入園できない待機児童が大勢いる。二〇二四年四月一日時点で全国の待機児童数は二五六七人に及ぶ。二〇一七年のピーク時には二万六〇八一人もの待機児童がいたことを考えれば、状況は大幅に改善されているように見える。とはいえ、特定の保育園への入園を希望していたりするために行政の統計上では「待機児童」にはカウントされないが、実際には入園待ちをしている「隠れ待機児童」が数万人はいる（こども家庭庁、二〇二四ｂ）。

性別役割分業が依然として根強くあり、育児や家事の負担・責任が女性に大きくのしかかっていることも、少子化をもたらす要因になっている。国際比較研究によると、家事や育児に関して、男性の負担割合が高くなるほど出生率も高くなるという（山口、二〇二一、六六－六七頁）。しかしながら、日本では男性の家事・育児時間がきわめて少ない。ある調査によれば、六歳未満の子どもをもつ夫婦のうち、妻の家事・育児関連時間は一日当たり七時間三四分にも達するが、夫の方は一時間二三分に過ぎず、国際的に見ても、妻の側にこれほど家事・育児の負担が偏っている国はあまりない（内閣府、二〇二〇、四六－四七頁）。女性が出産に二の足を踏む理由の一つは、こうした子育てに伴う負担の重さにある。

さらに、経済的負担の大きさも子どもを生むことの壁になっている。国立社会保障・人口問題研究所の調査によれば、夫婦に理想の数の子どもをもたない理由を尋ねたところ、最も多かった回答選択肢は「子育てや教育にお金がかかりすぎるから」であり、半数以上の人が挙げている（国立社会保障・人口問題研究所、二〇二三、七四頁）。

少子化はなぜ「問題」なのだろうか

少子化の状況を受け、国や地方自治体は多種多様な少子化対策を実施してきた。保育園の増設、保育・幼児教育の無償化、児童手当の拡充、育児休業制度の整備、婚活支援、不妊治療に対する経済的援助などである。このような取り組みが行われてきたのは、政治の場で少子化が社会的に大きな問題であるとして論じられ、政府や自治体に対策を促してきた結果である。

そもそも、少子化はなぜ「問題」なのだろうか。子どもが少なくなり、人口が減っていくと、経済的・社会的にさまざまな負の影響が出ることが考えられる。消費者と生産者・労働者の不足による経済活動の停滞、地域社会の活力の低下、社会保障制度の持続困難化などである（松田、二〇二一、一七－二二頁）。全国各地の大学では近年、定員割れするところが相次いでいるが、これも少子化の影響といえる。極端なことをいえば、人口減少が進み、やがてゼロになれば、日本人もいなくなってしまう。

とはいえ、現状の一億二千万人が日本の人口規模として最適か否かは簡単にはいえない。ゼロになるのはたしかに問題であるとしても、八千万人ぐらいの方が、都市の過密も緩和

表1-1 「子供を生み育てやすい国だと思うか」

	そう思う	そう思わない
日本	38.2	61.1
フランス	82.0	17.6
ドイツ	77.0	22.8
スウェーデン	97.1	2.1

注：「そう思う」は「とてもそう思う」と「どちらかといえばそう思う」の合計、「そう思わない」は「全く思わない」と「どちらかといえばそう思わない」の合計。
出所：内閣府子ども・子育て本部（2021: 73）より作成。

されるかもしれない。最近はどこの業界でも人手不足が深刻化していて、それは大きな問題であるには違いないが、他方で、人手を集めるには会社側も給料を上げたり労働条件を良くしたりしないといけなくなるため、働く側からすると働きやすい環境が作られることにつながる。大学も入りやすくなった方が受験生にとっては朗報だろう。突き詰めて考えていくと、少子化が本当に「問題」なのかどうか、簡単には答えが出せないように見える。

国を統治する為政者の立場に立てば、少子化は国家・国民の存亡に関わる大問題であることは間違いない。しかし、ここで強調したいのは、そうした為政者の視点以上に、私たち一人ひとりの個人目線が大事だということだ。そもそも、日本の経済や社会全体の行く末を心配し、少子化だからもっと子どもを産もうという人はいないだろう。結婚するか・しないか、子どもを産むか・産まないかの決断は個人的な事情を考慮した結果である。

そのような視点から見たとき、より問題なのは、日本の社会で子どもを生み育てることに希望をもてない人が多いという点である。日本、フランス、ドイツ、スウェーデンの各国民を対象とした調査によると、「子供を生み育てやすい国だと思うか」という質問に対して、日本では肯定的な意見が少なく、六割もの人が否定的な意見をもっている（表1-1）。

この調査結果が示しているのは、日本が子どもを生み育てるのに希望をもちにくい社会であることの結果として、今日の少子化があるということだ。こうした社会の現状を変えていくことは、政治の大きな役割だろう。

社会を変えるための政治

子どもを生み育てることに、多くの人が困難を感じている。それが今日の日本の姿である。今のままでよいと思う人はあまりいないだろう。先述した、少子化の原因を踏まえると、要するに、女性であれ、男性であれ、出産や子育てに対するプレッシャーや過度な負担感、経済的な支障を感じずに、暮らしやすい社会を作ること、これが少子化対策の要諦となる。日本社会の現状を変え、子どもを生み育てることに希望がもてる社会を作っていくためには、どうしたらよいのだろうか。

ヒントは諸外国の取り組みにある。とくに、北欧のスウェーデンが注目に値する。表

1-1にあるように、スウェーデンではほとんどの人が自分たちの国が子どもを生み育てやすい国だと考えているためだ。スウェーデンの国民に対して、子どもの数の理想と現実について尋ねた調査によると、理想の子どもの数は二人と答える人が最も多いが、実際の子どもの数も二人が最多であり、理想と現実のギャップがあまりない。実際に生み育てやすい国であることがわかる。しかも、若い世代ほど将来の生活に希望をもっているという（内閣府子ども・子育て本部、二〇二一、第三部第四章）。ジェンダー平等の意識が高く、男性も女性もともに働き、子育てに携わる社会であること、仕事と家庭の両立を支援するための制度が整っていることなどが、スウェーデンでの子育てのしやすさにつながっている。

スウェーデンはまさにお手本のような国なのだが、はじめから子育てをしやすい社会やジェンダー格差の少ない社会だったわけではない。子育てをしやすい社会に、努力して作り替えてきたのである。高度経済成長期の労働力不足の解消を女性の活用に求めたという面もあったが、女性運動の興隆が政治を動かし、人びとの意識と行動が変わっていき、女性の社会進出が進んだ。保育所や育児休業制度の整備・拡充、所得税課税の個人単位化、男女雇用機会均等法の制定など、仕事と家庭の両立支援や女性の経済的自立、ジェンダー平等化の促進を意図した法制度が整えられ、今日のような社会になった（渡辺、二〇一五）。

スウェーデンも二〇一〇年代以降出生率が低下傾向にあるなど、課題もあり、理想の楽園というわけではない。とはいえ、子育てしやすい社会を作ってきたという点では、今なお参考になる点も多い。

社会は人びとの日々の営みのなかで自ずと作り上げられていく部分と、政治や政府の力を借りて意識的に作られていく部分との双方の側面をもつ。社会を変えていくには、政治の力も不可欠なのである。そして、その政治自体を変えていくには私たちの力が必要なのだ。

参考文献

桐原康栄（二〇二一）「少子化の現状と対策」『調査と情報』第一一六三号、一―一〇頁。

京極高宣・髙橋重郷編（二〇〇八）『日本の人口減少社会を読み解く――最新データからみる少子高齢化』中央法規出版。

厚生労働省（二〇二四）「令和五年（二〇二三）人口動態統計月報年計（概数）の概況」〈https://www.mhlw.go.jp/toukei/saikin/hw/jinkou/geppo/nengai23/dl/kekka.pdf〉。

国立社会保障・人口問題研究所（二〇二三）『現代日本の結婚と出産――第一六回出生動向基本調査（独身者調査ならびに夫婦調査）報告書』〈https://www.ipss.go.jp/ps-doukou/j/doukou16/JNFS16_ReportALL.pdf〉。

国立社会保障・人口問題研究所（二〇二四）「人口統計資料集（二〇二四年版）」〈https://www.ipss.

go.jp/syoushika/tokei/Popular/Popular2024.asp?chap=0〉。

こども家庭庁（二〇二四ａ）『令和六年版こども白書』〈https://www.cfa.go.jp/resources/white-paper〉。

こども家庭庁（二〇二四ｂ）「保育所等関連状況取りまとめ（令和6年4月1日）及び『新子育て安心プラン』集計結果（概要資料）」〈www.cfa.go.jp/assets/contents/node/basic_page/field_ref_resources/4ddf7d00-3f9a-4435-93a4-8e6c204db16c/490e7d02/20240830_policies_hoiku_torimatome_r6_06.pdf〉。

総務省統計局（二〇二四）「人口推計（二〇二三年（令和五年）一〇月一日現在）結果の要約」〈https://www.stat.go.jp/data/jinsui/2023np/pdf/2023np.pdf〉。

内閣府（二〇二〇）『男女共同参画白書（令和二年版）』〈https://www.gender.go.jp/about_danjo/whitepaper/r02/zentai/index.html#pdf〉。

内閣府子ども・子育て本部（二〇二一）『令和二年度少子化社会に関する国際意識調査報告書【全体版】』。〈https://warp.da.ndl.go.jp/info:ndljp/pid/13024511/www8.cao.go.jp/shoushi/shoushika/research/r02/kokusai/pdf_index.html〉。

松田茂樹（二〇二一）『[続]少子化論――出生率回復と〈自由な社会〉』学文社。

山口慎太郎（二〇二一）『子育て支援の経済学』日本評論社。

渡辺博明（二〇一五）「社会民主主義福祉レジーム・スウェーデンの所得保障と社会サービス」新川敏光編『福祉レジーム』ミネルヴァ書房、一三三－一四三頁。

第2章　子どもを生む技術とルール

「取り引き」される精子・卵子

二〇二二年、国内で行われた体外受精で生まれた子どもが七万七二〇六人となり、過去最多を更新した。同年の出生数は約七七万人だったので、一〇人に一人が体外受精で生まれた計算になる。〇八年の体外受精児の割合は約二%だったので、一五年ほどの間に割合は急増した。体外受精は少子化対策の一環として二二年四月から医療保険の適用となり、ハードルも下がった。このことで増加がさらに後押しされるのではないかとみられている。

世界初の体外受精児が誕生したのは一九七八年のこと。日本での一例目は八三年で、以来、出産年齢の上昇と相まって技術の利用が広く浸透してきた。二〇二一年に実施された調査によれば、日本ではおよそ四・四組に一組の夫婦が不妊の検査や治療を経験している（国立社会保障・人口問題研究所、二〇二三、八二頁）。

生殖医療の裾野が広がり今日多くの子どもが恩恵を受けて生まれているなか、体外受精や人工授精では、第三者から精子や卵子の提供を受けて子どもを授かることも可能である。精子バンクはいま世界各地に存在し、営利目的の業者は「注文」に応じて輸出も手がけている。サイトでドナーを検索すると、本人・家族の既往歴に加え、瞳や髪の色、身長、体重といった容姿から、国籍、人種、高校・大学での成績といった情報まで並び、本人の肉声を聞くこともできる。幼少期から現在までの顔写真の閲覧が「課金」しだいのバンクもある。

アメリカでは、ドナーは精子提供一回につき一〇〇ドルから二〇〇ドル程度を受け取り、一年から二年継続するのが一般的である。アメリカの大学生にとって精子ドナーになることは「割のいいバイト」になっている（山口、二〇二一、二八頁）。他方、卵子の提供は採取にともなう身体的負担がはるかに大きく、アメリカでも生殖医療学会がガイドラインを定め、一万ドルを超える謝礼金や、人種、ＩＱなどに応じた金額設定を禁じている。ただし法的拘束力はなく、十分に守られてはいない。大学新聞に卵子ドナーを募集する広告が掲載され、一万ドルを大きく超える金額が提示されることも少なくない。

日本では、卵子の提供も、営利目的の精子提供も、約一万七〇〇〇人の医師らで構成する日本産科婦人科学会（学会）が会告で禁止してきた。いわば当事者の自主規制で、これが長らく実質上のルールの役割を果たしてきた。しかし、生殖医療全般に関する法律が存在しないため、今日では「グレーゾーン」が幅広く存在している。現場ではどのようなことが起きているだろうか。またそこに、どのような課題が生じているだろうか。

「#精子提供します」

SNS上には精子提供をうたうアカウントが数多く存在し、依頼者との間で個人取り引きされている実態がある。アカウントには容姿や学歴などの「スペック」を強調する書き込みも目立ち、数万円で売買されるケースもある。海外の精子バンクには日本人の登録者が少なく、これに比べれば手軽で、ドナー本人に直接会えることが好まれているのかもしれない。

背景にある見逃せない要因は、家族のあり方の多様化である。精子提供による非配偶者間人工授精（AID）は、日本では戦後間もない一九四八年から行われ、学会は利用対象者を法律上の夫婦に限定してきた。そのため、同性のカップルや、一人で子どもを生み育てると決めた選択的シングルマザーは、国内の病院でAIDを行う選択肢を閉ざされている。

さらに近年、ＡＩＤの件数も減少している。理由は「出自を知る権利」の重要性の認識である。日本ではこれまで、匿名の精子提供が原則であった。ところが、精子提供で生まれた子どもたちが成人して遺伝上の親を探し求めるようになり、海外でも子どものアイデンティティ確立を重視して匿名の精子・卵子提供を禁止する国が増えてきた。将来、遺伝上の親と特定できる個人情報を、生まれた子どもに開示するようになるかもしれない。病院側がそう伝えはじめたところ、提供をためらう人が増えて、ドナーが確保できなくなった。

ＳＮＳを介した個人取り引きがドナーの善意による「人助け」で、依頼者家族と良好な信頼関係を維持できればよいが、トラブルに発展する懸念も拭えない。正規の医療行為ではないため、感染症や遺伝病のリスクは必ずしも確認できない。ドナーが伝えていた経歴がまったくの嘘で、訴訟に発展したケースもある。依頼者が性的トラブルに巻き込まれるおそれもある。

このような背景もあり、二〇一九年には世界最大手の精子バンクが日本語サイトを開設して参入した。二二年の秋までに五〇〇人以上の女性が利用し、一〇〇名以上の子どもが生まれたことが伝えられている。二四年五月には募集を非匿名ドナーに限定する国内初の精子バンクも都内のクリニックに設けられている（ＡＥＲＡ ｄｏｔ．、二〇二四）。

体外受精ではどうか。学会は、体外受精について第三者からの卵子・精子・受精卵の提供を認めず、代理出産も禁止して、今日まで国の法整備を待つ構えをとりつづけている。この間、患者からの強い要望に応じて独自のガイドラインを策定・公表し、卵子提供による体外受精に踏み切っている医療機関も存在するが、その実施数は限られている。

子どもを授かりたいと切望しながら他に方法がない人びとは、海外に活路を見出してきた。その渡航先の中心はかつてアメリカ、その後はタイであったが、最近は台湾に移っている。台湾では卵子提供に関する法律が整備され、ドナーへの補償額にも上限がある。台北のあるクリニックは、二〇一三年から二四年六月までの間に一一一〇人の日本人から申請があり、九四三人が治療を受けたと明かしている（セントマザー産婦人科医院、二〇二四）。

コロナ禍の時期は、他国への渡航も不可能になった。この間、民間のエージェントが仲介し、国内のクリニックで卵子提供が秘密裏に行われる動きも広がった。ＮＨＫの調べによれば、コロナ禍以降、少なくとも三四〇人が国内で卵子提供により妊娠していた（ＮＨＫ、二〇二四）。こうした実態は学会も把握しておらず、水面下の様子はうかがい知れない。

「優れた人」だけの社会？

精子や卵子の提供を受ける際、アメリカではドナーの容姿や能力の選り好みが盛んに行われており、日本でも不可能というわけではない。このことをどうとらえればよいだろうか。

生殖医療を利用して「優れた子ども」を持とうとすることは、「優生思想」とのつながりが問題になる。優生思想とは、人の命に優劣をつけ、「優れた人」が多く生まれ育つように、「劣った人」は生まれないようにして、社会の質を向上させようとする考えである。

こう聞くと、優生思想は差別そのもので、決して許されないと誰もが思うのではないだろうか。ところが、この構想は古代から唱えられてきた。たとえばプラトンは、理想的な国家では「優れた」男女だけで交合することになるよう、支配者がひそかに計画すべきだと論じている（プラトン、一九七九、三六七－三六八頁）。

二〇世紀に入ると、遺伝の研究が進み、体力、知能、性格など人間のさまざまな特質が遺伝によるのではないかと考えられるようになった。科学者たちは「人間社会の改良」を目指してその根拠と方法を探る「優生学」に真剣に取り組み、多くの国の政府がこれに応える政策を展開した。遺伝病患者、精神病患者、受刑囚らが社会の「お荷物」とみなされ、その生殖を不能にする不妊手術が各国で施された。日本も例外ではなく、しかも戦後に政策が強化された。一九四八年に制定された優生保護法のもと、不妊手術が八四万五〇〇〇件も行われ、本人の同意を得ない強制的な手術も一万六五〇〇件あった。

今日、これら一連の優生政策は障害やハンディキャップと向き合って生きる人の尊厳を奪う誤りであったとして否定されている。優生保護法も、一九九六年に母体保護法へと改正された。優生保護法のもとで不妊手術を強制された人たちが国に損害賠償を求めていた裁判でも、二〇二四年七月、最高裁が同法を違憲とする判断を下している。

優生政策の否定を通じて有力な原則になったのは、個人の自由な選択の保障である。どのような治療を受けるか、いつどのように子どもを産むか、産まないか。決めるのは、その人自身の権利である。少子化対策が急務でも、不妊治療を強制したり、中絶を厳しく制限したりすることは、かつての優生政策同様、国家権力による不当な介入となるだろう。

新しい優生学か

他方で、現代の生殖医療について、すべてを個人の自己決定に任せてよいだろうか。人びとが何の制約もなく技術を利用すると、「健康で才能にあふれた子どもを持ちたい」という自然な思いが暗黙のふるい分けとなって、社会に新たな「命の選別」が広まるかもしれない。

個人の自発的な選択であるかぎり、これを容認する立場もある。この考え方は「新優生学」「消費者優生学」などと呼ばれる。精子・卵子の選り好みから、出生前診断による障害児の中絶、受精卵の遺伝子検査、遺伝子治療のあり方にいたるまで、今日の難問は幅広い。

妊娠中に胎児を調べて障害の可能性がわかったとき、それを理由に中絶を行うことは許容されるだろうか。一九六〇年代後半に羊水検査という確定診断の技術が実用化された際、国内では一部の自治体が従来の優生思想に基づいて「不幸な子が生まれないようにする運動」を展開し、検査を推奨した。これに対し、障害者団体らが強い異議を唱え、胎児の障害はいまにいたるまで、法律上、中絶の要件にはなっていない。しかし、「経済的理由」という要件を適用することで、実際には中絶が広く行われている現状がある。

近年問われているのは、二〇一三年から国内に導入された新型出生前検査のあり方である。従来の方法より妊娠早期の採血で検査でき、非確定検査だが精度が高い。この検査が安易な中絶に直結しないよう、日本医学会は妊婦・パートナーの意思決定を支援しカウンセリングの質を保証できる施設を認証するようにしている。とはいえ、検体を検査機関に送り結果を通知するだけの無認証施設も多く、手軽さもあってその利用者も相当の割合を占めている。

体外受精を行うと、受精卵を調べて、遺伝性の病気を発症するリスクがないものを選ぶこともできる。この着床前診断の是非はどうか。日本には法律がなく、学会が習慣流産と「重篤な遺伝性疾患」に絞って可否を個別に審査してきた。当の障害を抱えて生きつづける人びとからは、受精卵の選別・破棄で存在を否定されているようだとの訴えがある。障害者を支援する社会の体制が整えば、重篤性の判断も変わるかもしれない。二〇二二年には診断対象となる疾患が広がり、この先さらに軽い疾患まで対象となることを警戒する声もある。

一方で、子どもが自分よりも重い障害や負担の大きい治療を背負うことがないよう、対象疾患の拡大に期待を寄せる患者らのニーズも切実である。着床前診断は中絶を未然に防ぎ、子どもをつくる不安を減らす技術でもある。出生前診断で胎児の障害が判明し中絶が行われている現状に照らすと、バランスに欠けているとの主張もなされている。

法律ができない二〇年を経て

これまで見てきたように、日本では生殖医療が普及し関連技術も広く進展するなか、長らくこれらを包括的に規制する法律が存在してこなかった。多くのことが「違法ではないので可能」という、いわば「宙ぶらりん」の状態に置かれてきた。

この間、法制化の動きがなかったわけではない。法案の大枠は二〇〇三年に国の審議会で固まり、その内容は「基本的な考え方」から、体外受精における精子・卵子・受精卵の提供容認、出自を知る権利の保障にまで及んでいた（表2-1）。ただし、必要な制度が整備されるまで卵子提供などによる体外受精は実施されるべきではないとの条件がついており、当時議論に加わった関係者らは法律がすぐにも成立するものとみていたため、学会も法制化を待つことにした。ところが、法律は一向に制定されず、以来すでに二〇年あまりが経過した。

この間、ＡＩＤの実施に加え、学会の規制の「抜け道」を利用した卵子提供のようすも長く明るみに出ていたため、第三者からの精子・卵子提供によって生まれた子どもの親子関係については、二〇二〇年にようやく民法の特例に関する法律が成立した。同法は、生

表 2-1　生殖医療の法制化の動向

年	機関・文書など	主な内容
	日本産科婦人科学会会告	• 体外受精における精子・卵子・受精卵の提供は容認しない（1983） • 人工授精における非営利・匿名の精子提供を容認する（1997）
2003	厚生労働省厚生科学審議会生殖補助医療部会報告書	•「基本的な考え方」 子の福祉を優先する、人を生殖の手段として扱わない、安全性に配慮する、優生思想を排除する、商業主義を排除する、人間の尊厳を守る • 精子・卵子・受精卵の提供は無償 • 提供を受けることができるのは不妊の法律上の夫婦 • 精子や卵子の提供で生まれた子は、15 歳になると、ドナーを特定できる情報まで開示請求できる • 代理出産は禁止 • 公的管理運営機関を設ける
2020	民法特例法	• 卵子提供で生まれた子の母は、産んだ女性とする • 精子提供で生まれた子について、提供に同意した夫は嫡出否認できない
2025	特定生殖補助医療法案	• 精子・卵子の提供・あっせんは国が許可する機関が非営利で実施する • 提供精子・卵子を用いる生殖医療は、国認定の医療機関でのみ実施する • 提供を受けることができるのは不妊の法律上の夫婦 • 代理出産は禁止 • 医療機関を介さない個人間のやり取りは規制せず • ドナーの情報を国立成育医療研究センターが 100 年間保管する • ドナーの身長・血液型・年齢などの情報は生まれた子の成人後に開示 • ドナー個人の特定につながる情報は、ドナー本人の同意を条件に開示 • 精子・卵子の提供を受ける夫婦は、生まれた子の年齢に応じて出自を知るための適切な配慮を行うよう努める

出所：筆者作成。

殖医療のルールや出自を知る権利などについて二年をめどに検討・法制化するとしたが、超党派の議員連盟での取りまとめは難航した。特定生殖補助医療法案は、二五年二月、自民党、公明党、日本維新の会、国民民主党の四会派によりようやく参議院に提出された。

法制化の歩みの遅れは、いくつかの論点をめぐって政党間でも各党の中でも意見の隔りが大きいためである。法案では、出自を知る権利について、ドナーに関する一部の情報が一律開示となったものの、二〇〇三年の審議会案から後退し、ドナー個人を特定できる情報の開示にはドナー本人の同意が必要とされた。遺伝上の親を知ることは「子の福祉」にとっていかに不可欠なものなのか。他方、ドナーの確保はどの程度見通せるのか。与野党ともに、出自を知る権利に関する議員らの見解には開きがある。

また、独身女性や同性カップルがこれまでにも生殖医療を利用して子どもを生み育てている現実がすでにあるが、法案はこれを認めていない。誰が技術を利用できるかをめぐる問いは、家族観や性的少数者の権利の問題と深く関係しており、政党間で立場の違いが大きい。法案が成立すると、医療にアクセスできない女性がＳＮＳなどで精子提供を募る動きが続き、トラブルが広がることも懸念されている。

この生殖医療の利用者の定めは、出自を知る権利のあり方とも連動している。ＡＩＤの利用が盛んなデンマークでは、その利用に際して、独身女性の圧倒的多数が非匿名の精子ドナーを希望する一方、異性カップルは匿名ドナーの希望がほとんどというデータがある（石原、二〇二二、一〇五－一〇六頁）。日本でも、これまでＡＩＤで子どもを授かった夫婦は、子どもへの告知自体を必ずしも積極的には考えていなかった（新田、二〇二三、三五九頁）。法案は、この告知を重視し、努力義務として盛り込んでいる。

二〇年前の審議会で示された「基本的な考え方」のそれぞれについて、総論としては合意が存在するものの、それらを具体的な制度作りに際してどう落とし込み整合させるのかとなると、複数の論点が複雑に絡み合う。法律の制定まで、また施行後の運用と見直しにあたっても、意見の集約が困難な状況が続くと見込まれる。

長らく法制化が進まなかった理由として、日本の国会が他国に比べて会期が短く、法案の審議が進みにくいこともあげられる。二〇二四年の国会も、いわゆる「政治とカネ」の問題への対応に多くの時間が費やされた。

加えて、生殖医療を規制する法律づくりに尽力してもとくに利権が生じるわけではないため、本腰をいれて取り組みつづける政治家はいまだ多くない。当事者団体からは、生殖医療の実態について詳しく知る国会議員が少ないとの批判もある。しかし、それは同時に、政治家を動かすに足る市民全体の関心が、いまなお不十分であることのあらわれかもしれない。

民主主義は技術を使いこなせるか

生殖医療をめぐる法規制について欧州諸国を見渡すと、一九八〇年代・九〇年代から精子・卵子の提供や親子関係について法律を定め、規制内容、着床前診断の運用、出自を知る権利に関する規定を情勢に合わせて改正してきた国が多い。対照的にアメリカでは、現在一部の州で中絶や体外受精を規制する動きがあるものの、生殖医療の利用はおおむね自由で、市場原理に委ねられてきた。

これに比べて日本では、法整備が後手に回り長く停滞した結果、対応が現場の医療機関に半ば丸投げされてきた。子どもを授かろうとする人びと、精子・卵子のドナー、生まれてくる子どもにも、それぞれが悩みを抱える形でしわ寄せが及んできた。

私たちがこの世に生まれてきたとき、それがいつ、どの国や地域でも、そこには生命誕生をめぐるルールがあり、同時にさまざまな論点が存在していた。科学技術は常に進展しつづけている。これは、そのときどきで「可能なこと」と「まだ不可能なこと」が存在し、そのはざまで何を認めるか、社会的な意思決定が必要になることを意味している。生命倫理の分野でいえば、脳死体から臓器移植を行うのは、人工呼吸器による延命措置が可能な一方、完全な人工臓器がいまだ存在しないからである。代理出産の是非が問われつづけているのも、人工子宮が開発されていないためである。ここにどのような「線引き」を行うのか。その質は、民主的な社会では、ルール形成に対する市民の関心と参画のあり方に大きく左右される。

審議会で示された生殖医療のあり方の「基本的な考え方」は、社会にどう浸透しているだろうか。精子や卵子の大っぴらな売買がもっぱら収益を目的に横行しているとまではいいがたい。代理出産が貧困ビジネスとして広まっている現実も見られない。「商業主義」には一定の歯止めがかかっているように見える。ただし、法律が成立しない状態が続くと、事態は学会の自主規制に委ねられたままになる。近年、凍結保存された精子・卵子・受精卵が、不要になったあと適切に廃棄されず、学会の禁止規定に反して不妊治療中の人に高値で取り引きされるおそれが指摘されている。日本人ドナーの卵子が仲介業者を介して、中国の富裕層の間で高い人気になっているとも報じられている（MBSNEWS、二〇二四）。

受精卵の遺伝子を改変して望みどおりの子を持とうとする「デザイナーベビー」の誕生

は、行政の指針と医師らの順守によって国内で回避されており、厚生労働省は二〇二五年をめどに法案を提出すべく調整も進めている。他方で、精子・卵子の提供について法規制が進まないままであれば、その方法しだいで国内でもドナーの選り好みが可能である。

毎日新聞の調べによれば、障害者施設の建設が周辺住民の反対で中止・変更になった事例が、二〇一九年までの五年間に全国で六八件あった（『毎日新聞』二〇一九年一二月二二日付）。一六年に施行された障害者差別解消法は、国や自治体が障害者施設を認可する際、周辺住民の同意を求めないことを徹底し積極的な啓発活動を行うよう、付帯決議で定めている。同法は、障害とは個人の心身機能に内在するものではなく、社会環境との相互作用によって生じるとする「障害の社会モデル」の考え方に基づいている。いま日本で、一人ひとりの市民は、自身の「内なる優生思想」とどう向き合っているだろうか。社会の側に存在する障壁に気づきこれを解消すべく、日々の生活にどう目を凝らしているだろうか。

生殖医療のあり方は、法律がひとたび制定されて、そこですべて決着するものではない。不妊に悩むカップル、子を持ちたいと願いながらその方法がない人びとは、今後も増えつづけるだろう。生まれくるときに障害を抱える可能性は、誰にでもある。技術の恩恵を誰がどう受けるのか、満場一致の正解は用意されていない。新しい技術が突き付ける難問に向き合いながら、内容と論理が分かりやすく、多くの人びとにとって利用しやすいよう整理・工夫された「約束」を交わし、それを確認・更新する作業が今後も続く。生殖医療のルールは、すべての子どもが望まれて生まれ、多様性を認め合いながら育ち、互いに安心して暮らせる社会を形成する礎になる。その模索は、社会的立場や世代を超えて分かちあわれる課題である。

参考文献

ＡＥＲＡ ｄｏｔ．（二〇二四）「『赤ちゃんができたら終わりではない』『精子バンク』女性マネジャーが家族とつながり続ける理由」二〇二四年五月一九日付〈https://dot.asahi.com/articles/-/222639〉（アクセス二〇二五年二月二〇日）。

石原理（二〇二二）『ゲノムの子――世界と日本の生殖最前線』集英社新書。

ＮＨＫ（二〇二四）「クローズアップ現代〝卵子提供〟国内で広がる背景は」二〇二四年一月三〇日放送〈https://www.nhk.jp/p/gendai/ts/R7Y6NGLJ6G/episode/te/YL5VNM66PM/〉（アクセス二〇二五年二月二〇日）。

ＭＢＳＮＥＷＳ（二〇二四）「【卵子提供の光と影】一五〇万円でドナー募る仲介業者も…一方で報酬もらわず卵子提供するドナー『幸せになる家庭が増えるなら』さらに「出自を知る権利」の課題も」二〇二四年五月八日付〈https://www.mbs.jp/news/feature/scoop/article/2024/05/100224.shtml〉（アクセス二〇二五年二月二〇日）。

国立社会保障・人口問題研究所（二〇二三）『現代日本の結婚と出産――第16回出生動向基本調査（独身者調査ならびに夫婦調査）報告書』〈https://www.ipss.go.jp/ps-doukou/j/doukou16/JNFS16_

ReportALL.pdf〉（アクセス二〇二五年二月二〇日）。

セントマザー産婦人科医院（二〇二四）「不妊症の治療方法　卵子提供」〈https://www.stmother.com/treatment/treatment11/〉（アクセス二〇二五年二月二〇日）。

新田あゆみ（二〇二三）『出自とは、親子とは――知りたい子どもと匿名でありたい親』生活書院。

プラトン／藤沢令夫訳（一九七九）『国家（上）』岩波文庫。

山口真由（二〇二一）『「ふつうの家族」にさようなら』ＫＡＤＯＫＡＷＡ。

第3章　便利で快適なデジタル社会の裏側で起きていること

デジタル時代の誹謗中傷への政治的対応

「インターネット上の掲示板やSNSなどにおいて、他人の人格、性格、容姿を否定したりするなど、誹謗中傷にあたると思われる事項が書き込まれているのを目にしたことがある」人は、かなり多いのではないだろうか。実際、一七歳から一九歳の男女を対象に尋ねた調査結果によると、全体の七〇・六％がインターネット上の掲示板やSNSなどにおいて「他人に対する誹謗中傷を目にしたことがある」と回答し、一九・五％が「自分に対する誹謗中傷を目にしたことがある」と答えている（日本財団、二〇二二、一三頁）。

どのメディアでこうした誹謗中傷を目撃したかとの問いに対しては、ツイッター（Twitter, 現X）との回答が最も多く（五八・八％）、ユーチューブ（YouTube）の映像内・コメント欄（五二・一％）、ティックトック（TikTok）の映像内・コメント欄（三四・四％）、インスタグラム（Instagram）の投稿内・コメント欄（二二・九％）という結果が示されている（日本財団、二〇二二、一四頁）。どうやら、我々が日常的に使用しているインターネット上のメディアでは、他人の人格や性格を否定するような誹謗中傷が、珍しくない状況が広がっていそうである。

政府もただ放置しているわけではない。問題となっているインターネット上の誹謗中傷のように、「公然と人を侮辱した」ということになると、侮辱罪（刑法二三一条）として処罰されることになる。二〇二二年七月より、この侮辱罪の法定刑が「一年以下の懲役若しくは禁錮若しくは三〇万円以下の罰金又は拘留若しくは科料」へと引き上げられた。背景には、インターネット上の誹謗中傷が社会問題化していることで、誹謗中傷に対する非難が高まっているとともに、これを抑止する必要があるという国民意識も高まっていることが指摘されている。

オンラインだろうとオフラインだろうと、公然と他人の人格を否定するような言動が許されるべきではない。とはいえ、何が許され、何が許されないか、どの程度の表現が許され、どこからが処罰されるのかという線引きについては、憲法が保障する「表現の自由」との関係でしばしば議論の対象となる。実は、この問題は、ソーシャルメディアが当たり前になった今にはじまったことではなく、インターネットの歴史とともに繰り返し議論されてきた古典的なテーマでもある。

東海岸コードvs.西海岸コード

インターネットに関するルールは、政府や国際機関、技術開発を担ってきた大学や研究所、民間企業など、多様な主体が関わりながら形成されてきた。このように社会における役割や立場、組織の成り立ちや文化が異なる主体同士は、しばしば考え方や価値の違いから対立することになる。特に、インターネットの開発を主導してきたアメリカでは、この対立が「東海岸コードvs.西海岸コード」という形で現れることがある（レッシグ、二〇〇七、一〇二-一〇五頁）。

この時の東海岸コードとは、政治の中心であり首都のワシントンDCで決められる法律を指しており、西海岸コードとはテック産業が集積するカリフォルニア州のシリコンバレー等でエンジニアによって書かれるコンピュータ・プログラムを指している。一般の人びとがインターネットにアクセスするようになったのは、一九九五年頃のことであるが、当時のインターネットは、「オープンかつ非独占で、アクセスや利用に何の個人の身元認証も必要としない」という特徴を持っていた（レッシグ、二〇〇七、五〇頁）。こうした特徴は、当時の西海岸コードの価値が反映された結果である。

インターネットが一般化していく過程で問題となったのは、オンライン上の「ポルノ」コンテンツへの規制である。インターネットという新しいメディア空間において、何が許され、何が許されないかという線引きの問題が社会問題として浮上したのである。東海岸コードとしての法的対応としては、一九九六年に通信品位法を成立させこの問題に対する政治的な考え方を示した。

ところが、この法律が定める「下品な（indecent）」という概念をめぐって論争が起きた。この法律にある「わいせつな（obscene）」に相当するコンテンツは、アメリカにおいても憲法が保障する表現の自由の範囲外だと考えられている。当時から、いくらオープンで、非独占で、匿名性が高いことが特徴のインターネットであったとしても、「何でもあり」だと考えられていたわけではない。しかしながら、「下品な」となると、民主主義的な社会にとって重要な価値である表現の自由を侵害するのではないかという懸念が示されたのである。

現在のようなソーシャルメディア時代では、誰もが日常的に、ごく簡単な操作で、自身の考えや、写真、動画などを誰もが見ることのできる形で公開することが可能である。それゆえ、日々インターネット上に投稿されつづけているコンテンツが、冒頭で触れた誹謗中傷のみならず、ヘイトスピーチ、偽情報（フェイクニュース）、プライバシーの侵害など様々な社会課題を引き起こしている。これらに対して、各国政府が法的にどのように対応するか、サービスを提供するテック企業が技術的にどう対応するかは、一九九六年の通信品位法の議論と変わらず、デジタル時代における表現の自由をどのように守りつつ、いかに健全なオンライン環境を維持するかという点において極めて重要な論点となっている。

ソーシャルメディアに操られている？

ところで、多くの人が毎日のように利用しているソーシャルメディアが、なぜ無料で利用できているかを考えたことはあるだろうか。サービスを提供している企業は、どこも民間の営利企業である。株主もいれば、従業員も抱えている。利益を出さなければ、サービスを提供しつづけることはできない。

これらの企業は、一人ひとりのユーザーが、自社のプラットフォームを利用することで得られるデータを収集し、それをマーケティングや広告のための貴重な材料として活用することで利益を上げている。ユーザーが、どんな内容の投稿をしているか、どんなコンテンツのどの部分をどのくらい閲覧していたか、どんなコンテンツに「いいね」や「コメント」で反応したか、友人関係はどうなっているかなど、プラットフォーム上でのあらゆる活動がデータ化され、各ユーザーの年齢、性別、趣味嗜好、関心事、政治的立場、年収、職業、行動パターンなどの情報が精緻化されていく。

ソーシャルメディアの各企業は、これらのデータを使ってターゲティング広告を行うことで利益を得ている。広告を出稿したい企業の側からすると、自社の製品やサービスに高い関心を持ってくれると見込まれる人にのみ個別に広告を打てるようになるため、テレビや新聞などのマスメディアに比べてはるかに広告費を抑えることができるし、高い広告効果も期待できる。

ソーシャルメディアでアカウントを作成するにあたっては、これらの情報がデータとして収集されることに同意する必要がある。その意味では、法的には問題がないように見える。とはいえ、これらの条文は概して長く専門的な法律用語で書かれている。平均的なユーザーには理解が困難であり、自分が何に同意しているかを理解しないままサービスを利用しているのが実態である。

プライバシーも含めた自らの大切な情報について、どれほどの人が意思を持った決定権を行使できているのか疑わしい状況がある。ハーバード大学のズボフ（Shoshana Zuboff）は、こうした行きすぎた個人データの収集と分析によって莫大な利益を上げている現代のテック企業のやり方について、人間の経験を商品化して利益追求の手段として扱う「監視資本主義」だとして批判的に論じている（ズボフ、二〇二一）。

ソーシャルメディア企業が持つ個人データを欲しがるのは、商品やサービスを売りたい企業だけとは限らない。いまやソーシャルメディア企業は、本人よりもその人自身のことをよく知っている。これらのデータを使えば、ネット上で広告を見た人が特定の商品を買いたくなるように、投票行動にも影響を与えられる可能性がある。

ソーシャルメディア企業が収益を伸ばすためには、ユーザーが一分でも長くサービスを使ってくれることが重要となる。そのために企業は、ユーザーが自分と違った考え方を持つ人の投稿を目にすることがなく、価値観や考えが似通った「心地よい人びと」や「心地よい投稿」に囲まれる状況を作り出すようにプログラムの改良を続けている。

自分の目にする情報が自分の考え方に近いものばかりにフィルターされ、あたかも泡の膜（バブル）の中に閉じ込められているという意味で、この現象は「フィルターバブル」

と呼ばれている（パリサー、二〇一二）。民主主義的な社会においては、対立する考え方にも耳を傾け、多様な価値観を踏まえた上で熟議していくことが望まれるが、ソーシャルメディアを主要な情報源にしている人は、フィルターバブル現象によって「世の中は自分と同じ考えの人びとばかりだ」と錯覚しやすくなる。このような状況があるために、右派はより右寄りの意見に傾き、左派はより左寄りの意見に影響されやすくなることも懸念されている（サンスティーン、二〇一八）。ここに感情を揺さぶるような巧妙な内容のフェイクニュースを流すことができれば、対象者の投票行動を操ることができるかもしれない。

実際に、二〇一六年、その懸念は現実のものとなった。二〇一六年には、イギリスでEUからの離脱を問う国民投票と、アメリカで大統領選挙が行われた。どちらにおいても、ソーシャルメディアを介した投票行動の操作が行われたと考えられている（バートレット、二〇一八）。二〇一六年のアメリカ大統領選挙で当選したのは共和党のトランプ（Donald Trump）であったが、トランプ陣営は二億三〇〇〇万のアメリカ人に対してインターネットの閲覧記録、購入記録、所得記録、投票記録、フェイスブック（Facebook）や電話調査で収集された記録を使い、選挙運動でカギとなるターゲットをグループ化した上で、どの程度「説得可能か」を軸にモデル化して広告の内容をターゲットに応じて変えながら配信したとされる（バートレット、二〇一八、八三－八四頁）。

ソーシャルメディア上で、誰がどのような広告を見たかを第三者が後から検証することは難しい。仮に意図的にフェイクニュースをターゲットに対して表示させることで、投票行動を操作しようとしたとしても、ソーシャルメディアを運営する企業以外が、外からその証拠を見つけ出すことは不可能である。また、政治的な意図を持ったフェイクニュースは、政治的・社会的な選好に基づいて特定の層にターゲットを絞りながら、彼らの感情的な反応を引き出しやすいようにデザインされていることが多く、特に政治に関するフェイクニュースはファクトチェックされた情報よりもより速く、深く、広く拡散しやすいことが知られている（Vosoughi et al., 2018）。

サイバーセキュリティとインターネットの自由

二〇一六年のアメリカ大統領選挙においてソーシャルメディアを介した投票行動の操作が大きな問題となったのに対して、二〇二〇年のアメリカ大統領選挙ではそれほど大きな問題とならなかった。その理由は、二〇一六年の経験を経てサイバーセキュリティを担当する「サイバー軍」が機能したことによるところが大きいと考えられている（土屋・川口、二〇二一、七五‐九四頁）。

国家によるサイバーセキュリティでは、テロの防止や犯罪の抑止といった目的を達成するにあたって、「インターネットの監視（internet surveillance）」を行うことになる。インターネット上での活動を監督下におくことで、外国勢力からの攻撃や情報漏洩への対処が可能となるものの、プライバシーの保護、検閲の禁止といった民主主義的な価値とは常に緊張関係が生じることになる。プライバシーの保護も、選挙も、どちらも民主主義的な社会にとって重要な価値や制度であるが、いまや国家によるインターネットの監視なくしては公正な選挙を担保することが難しい現実がある。

二〇二二年に起きたロシアによるウクライナへの軍事侵攻も、サイバーセキュリティの重要性を再認識させた。マイクロソフト社の報告書によると、ロシアによる政治的・軍事的な行動の背後にはサイバー攻撃がセットであるかのように行われていたことが明らかとなっている（Microsoft Digital Security Unit. 2022）。安全や治安の確保とプライバシーの保護については、しばしばどちらを優先させるのかという議論が行われてきたが、現実問題として国家の政策的な判断としては安全や治安の確保を優先させざるを得ない。

とはいえ、具体的にどこまで「インターネットの自由」を犠牲にするべきかという点については、明確な答えがあるわけではない。一般的に政府の側は、監視を強化したいという欲求を持ちがちである。この傾向は、新型コロナウイルス感染症（COVID-19）のパンデミック下で各国が開発した公衆衛生対策のための人びとの接触追跡アプリにおいても確認されている。国際的な人権NGOとして知られるフリーダムハウスの報告書によると、調査した国のいくつかのアプリは、コロナ対策とは関係のないような形での国民監視が可能なプログラムが組まれていたという（Freedom House, 2020）。

図3-1は、「多くの人が自由と安全の両方を重要だと考えるが、どちらかを選ばなくてはいけないとしたらどちらを重視するか」という設問への結果を示したものである（無回答やわからないと答えた回答者を除いてある）。七〇・九％の人が「自由」と回答しているアメリカを筆頭に、オーストラリアやイギリスなど一部の国では過半数の人が「自由」と回答しているが、ほとんどの国で「安全」を選択する人が過半数超えている。日本においても、八五・八％の人が、「安全」を重視すると答えている。

同様に、国家によるインターネットの監視の具体的内容についての国民の受け止め方も、国によって大きな差があることもわかっている。図3-1のデータのもとになっている世界価値観調査では、「政府は国民に知らせることなく情報を収集する権利を持つべきか」、

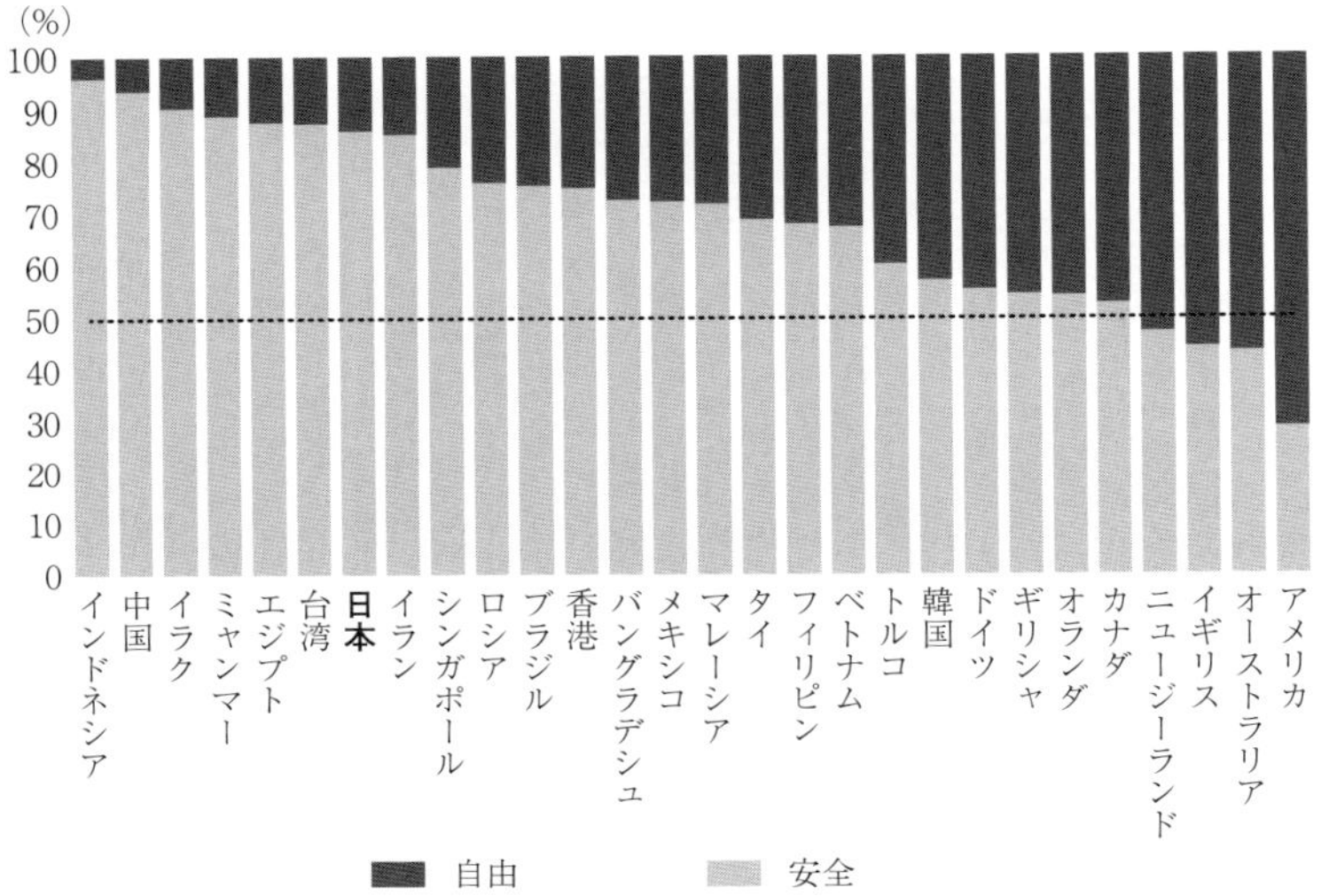

出所：筆者作成。データは、世界価値観調査（Wave7）を使用。点線は、50%の位置を示している。

図3-1　国別にみた自由と安全をめぐる選好比較

「政府は、公共空間でのビデオ監視を実施する権利を持つべきか」、「政府はすべての電子メールおよびその他ネット上でやり取りされる情報の監視を行う権利を持つべきか」といった設問もみられるが、結果を見ると主に非民主主義国においては、こうした権利を政府が持つことを許容する人びとが五〇%を超える国も珍しくない。

デジタル社会の未来に向けて

ソーシャルメディアが誕生したときも、爆発的な勢いでユーザー数が増えていったが、近年の生成AIは、それをはるかに上回るスピードでユーザーを増やしている。インスタグラムが、一億人のアクティブユーザーを獲得するのにかかった時間が二年半であったのに対して、チャットGPT(Chat GPT)の場合は、サービス開始からたったの二か月で同じ数字を達成している(Hu, 2023)。

生成AIの時代は、まだはじまったばかりである。この先どのような展開になるのか予測は難しいが、政治的に見ていくつかの懸念はすでに指摘されはじめている。デジタル技術を使った「監視国家」化を試みる国にとっては、AIの活用が監視の強化に貢献する可能性がある。また、生成AIは、コンテンツを無数に作り上げる。この技術を悪用することで、フェイクニュースが大量に生産・拡散される可能性もある。

選挙は、民主主義社会の制度的な基盤となる重要な仕組みであるが、投票に際しての主な情報源をインターネット上の動画やソーシャルメディアとする人の割合は増加傾向にある。二〇二四年に行われた衆議院議員総選挙では、自民党と公明党の連立与党が過半数割れとなり、国民民主党が議席を大幅に増やすという結果になった。興味深いのは、「ソーシャルメディアを重視する」という人びとの間で、国民民主党を支持する割合が相対的に見て高いという点である(『朝日新聞デジタル』二〇二四年一一月八日)。

これからますます「インターネットが政治を決める」という状況が加速することだろう。

インターネット上の動画や投稿に頼りながら政治に関する情報を得て、投票行動を決めるという人びとも増えていくと考えられる。他方、国内外の「悪意ある勢力」にとっては、フェイクニュースを絡めながら選挙結果を左右しやすい状況が拡大したと見えるかもしれない。何が真実かわからなくなり、選挙結果そのものも信じられなくなれば、民主主義は成り立たない。「悪意ある勢力」にとっては、民主主義国に暮らす人びとが民主主義そのものに対して信頼を失う状況が生まれれば「成功」という側面がある。

デジタル関連の技術革新のスピードは極めて速い。しかし、対応する政治の側は、それほどのスピードを持ち合わせていない。この圧倒的なスピードの差は、おそらく埋め合わせることができない。一つの問題に対処したと思ったら、その方法自体が時代遅れのものになってしまうかもしれない。これからも、デジタル技術は現代社会にとって不可欠な存在として残ることになるだろう。使い方によっては、社会的な問題解決の手段になるかもしれないし、新たな問題の原因にもなり得る。

厄介なことに、この種の問題に「正解」は存在しない。本章が扱ってきた誹謗中傷が抑制された社会と表現の自由との関係性にしても、安全や治安の確保とプライバシーの保護との関係性にしても、フェイクニュース対策にしても、唯一の正解などない。なぜなら、これは社会を構成する我々一人ひとりが、どのような社会に住みたいのかという「価値」を伴う問題だからであり、人びとの「価値」に正誤も優劣もないからである。

多様な価値があれば、対立も生じる。こうした対立を乗り越えて、社会としての決定を行っていくために政治はある。ますます進展すると思われるデジタル社会の弊害を抑え、自身が住みたいと思う社会に向かって進んでいくためにも、一人ひとりが政治に関心を持って参加しつづけることが重要である。

参考文献

サンスティーン、キャス／伊達尚美訳（2018）『#リパブリック――インターネットは民主主義になにをもたらすのか』勁草書房。

ズボフ、ショシャナ／野中香方子訳（二〇二一）『監視資本主義――人類の未来を賭けた闘い』東洋経済新報社。

土屋大洋・川口貴久編（二〇二二）『ハックされる民主主義――デジタル社会の選挙干渉リスク』千倉書房。

日本財団（二〇二二）『18歳意識調査「第50回―インターネット利用と侮辱罪―」報告書』日本財団〈https://www.nippon-foundation.or.jp/wp-content/uploads/2022/10/new_pr_20221101_04.pdf〉（アクセス二〇二四年一〇月七日）。

バートレット、ジェイミー／秋山勝訳（二〇一八）『操られる民主主義――デジタル・テクノロジーはいかにして社会を破壊するか』草思社。

パリサー、イーライ／井口耕二訳（二〇一二）『閉じこもるインターネット——グーグル・パーソナライズ・民主主義』早川書房。
レッシグ、ローレンス／山形浩生訳（二〇〇七）『CODE VERSION 2.0』翔泳社。
Freedom House (2020) *Freedom on the Net 2020: The Pandemic's Digital Shadow*, Freedom House.
Hu, Krystal (2023) "ChatGPT sets record for fastest-growing user base: Analyst Note," Reuters 〈https://www.reuters.com/technology/chatgpt-sets-record-fastest-growing-user-base-analyst-note-2023-02-01/〉（アクセス二〇二四年九月二二日）.
Microsoft Digital Security Unit (2022) *Special Report: Ukraine an Overview of Russia's Cyberattack Activity in Ukraine*, Microsoft.
Vosoughi, Soroush, et al. (2018) "The Spread of True and False News Online," *Science*, 359, pp.1146-1151.

第4章　大学の行方はどうやって決まるのか

大学は誰のために？

多くの学生にとって、大学は就職への通過点としてある。偏差値に基づく大学間の序列を前提に、テストでよい成績を取り上位の大学に入れれば、就活でも優位に立てるという思いで高校時代を過ごし、いま大学生になっている人も多いだろう。このこととの関係で、「親ガチャ」、「教育格差」などとも言われるように、育った家庭の環境、特に経済状況が、進学先やその先までも規定する要因となり得ることも指摘されている。

企業等からすれば、大学は人材の供給源である。学生側の売り手市場のなか、少しでも優秀な学生を一人でも多く採用するために、いかに大学や大学教員と関係を持てるかが、事業存続を左右するほど重要な場合もある。

このように、大学は、学生にとっても企業にとっても大きな意味のある存在であるにも

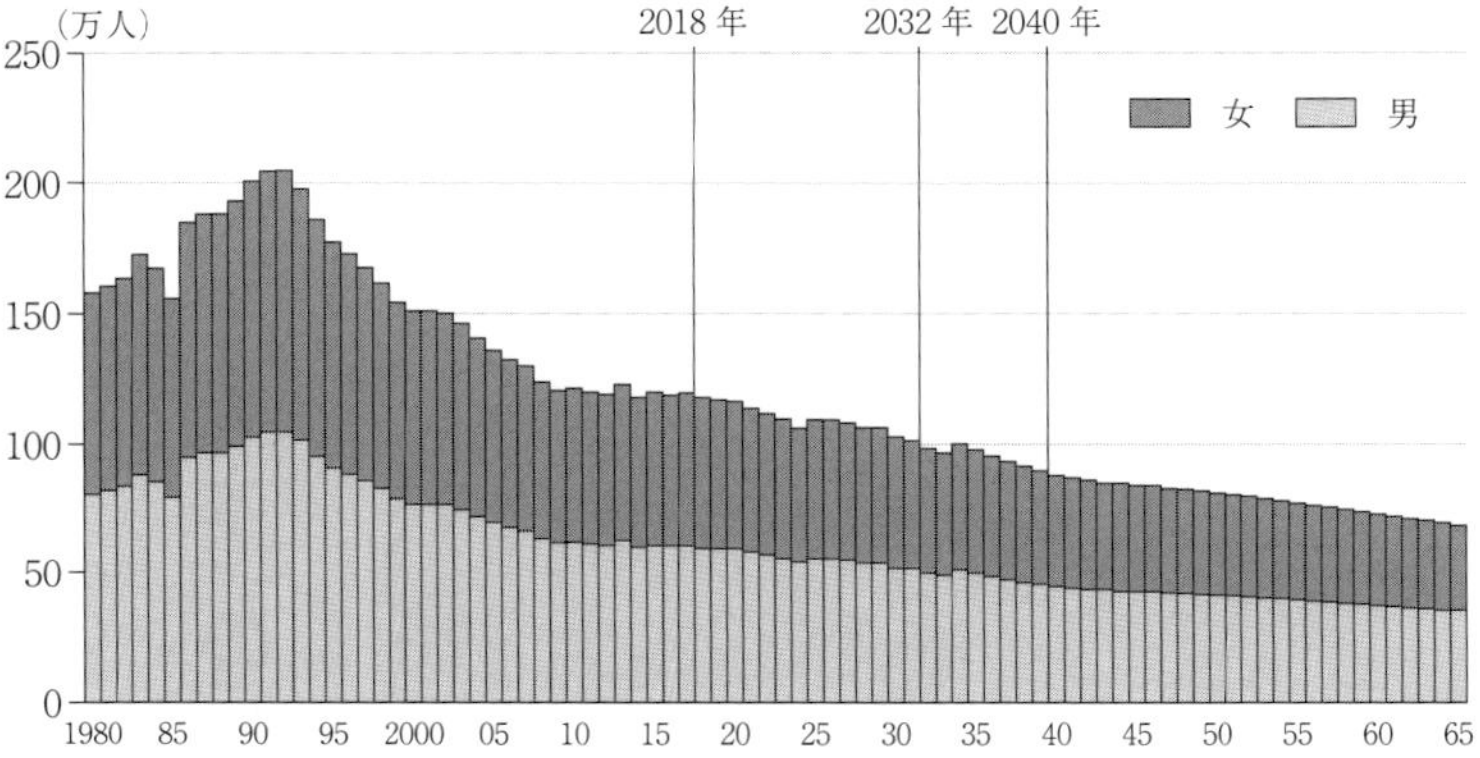

出所：2031（令和13）年以前は文部科学省「学校基本統計」※2019（令和元）年～2031（令和13）年は令和元年度学校基本統計速報値、2032（令和14）年以降は国立社会保障・人口問題研究所「日本の将来推計人口（平成29年推計）（出生中位・死亡中位）」を基に作成。

図4-1　18歳人口の将来推移

かかわらず、実は窮地にある。その一つは財政的な意味においてだ。二〇二四年に東京大学が次年度からの学費値上げをしようとした際に学生から大きな反対の声が上がったが、国からの財政支援が実質的に減りつづける一方、物価や人件費も上がっているなかで国立大学協会が「もう限界です」と声明を出すほど国立大学は厳しい状況にある（朝日新聞「国立大の悲鳴」取材班、二〇二四、一六－四一頁）。私立大学も、全国五六七の学校法人のうち一〇一法人が「経営困難」だとしている（『日本経済新聞』二〇二四年五月二〇日）。

二つ目は、少子化が想定を遥かに上回るペースで進むなか、大学受験生に該当する一八歳人口は今後も減りつづけることだ（図4－1を参照）。ピークであった一九六六年には二四九万人であった一八歳人口は、二〇二三年には一一〇万人にまで減少し、二〇四一年には八〇万人を切る。現在約六割である大学進学率が上がったとしても、現在千を超えて存在する大学・短大の八六校学生数分の人が、まるまる減ると文部科学省（以下、文科省）が試算している（『日本経済新聞』二〇二四年六月二九日）。日本私立学校振興・共済事業団によると、すでに「定員割れ」を起こしている私立大が、二〇二四年度春には全体の約六割に上っている（「令和六年度私立大学・短期大学等入学志願動向」）。国公私立を問わず、これまでと同様のやり方で日本人の高卒生を迎えて教育を行うだけの大学は立ち行かなくなる時期がすでに来ている。

日本の大学制度

明治時代には欧米列強に対抗するため、文明開化、富国強兵、近代国家建設のために必要な西洋の知識や技術を輸入するための機関として国立の専門学校等が統合され帝国大学が設置された。私塾も大学となっていった。

戦後初期には、各種大学、師範学校、専門学校、旧制高校を母体とし、一九五〇年度までに国立七〇校、公立二六校、私立一〇五校が設置された。一九六〇年代には、高度経済成長を背景として国民所得も上昇し、進学希望が高まったことと、第一次ベビーブーム世代が進学期を迎えたことが相まって、私立大の学生数が急増した。大学が「大衆化」した。一九六〇年代後半に起こった大学紛争の一つの契機が「マスプロ教育」への不満であったこともあり、七〇年代以降は、大学の量的拡大ではなく、質の充実が目指されることになる。七五年には私立学校振興助成法が成立して、国が私学を支援する一方、定員管理の厳格化などで大学拡大が抑制されることとなる（橋本・阿曽沼、二〇二一、一〇六－一〇八頁、一三六－一三八頁）。

二一世紀に入り、二〇〇四年度に国立大学は独立行政法人の一類型である国立大学法人に移行し、その設置形態が大きく変わった。二〇二四年度現在、国立大八二校、公立大九五校、私立大五九二校、その他を含めて、日本には七九六校の大学が存在する。

大学制度について最も基本的なことは、教育基本法や学校教育法で定められている。そのうち、教育基本法第七条は以下のように定めている。

① 大学は、学術の中心として、高い教養と専門的能力を培うとともに、深く真理を探究して新たな知見を創造し、これらの成果を広く社会に提供することにより、社会の発展に寄与するものとする。

② 大学については、自主性、自律性その他の大学における教育及び研究の特性が尊重されなければならない。

これらの条文に従えば、大学は産業政策や経済発展への直接的寄与を一義的な目的とする存在ではない。しかしながら、今日の大学は、政府や経済界から、産業政策や経済発展に直接寄与する教育や研究を行うよう強く求められるようになっている。

学校教育法第二条によると、基本的に国、地方自治体、学校法人が大学を設置できる。国立大学は、国立大学法人法に基づき、国立大学法人が設置し、運営する。国が直接運営しているのではない。その教職員も非公務員である。公立大学は、都道府県や市町村といった地方公共団体が作った公立大学法人が設置して運営する。私立大学は、私立学校法に基づき、私立学校の設置を目的として設立した学校法人が設置し、運営する（例外的な株式会社立の大学もあり、これも私立大学に含まれる）。

では、大学への公的資金配分の仕組みはどうか。国立大学に関しては、運営費交付金が、退職金支払い分などを除いて、原則として使途が特定されない「渡し切りの交付金」として配分される。それは、六年間の中期目標期間を通じて、各国立大学法人がそれぞれ文科大臣の承認を受けた中期計画に基づき、教育研究を確実に実施していくために必要な基盤的経費という位置づけである。ただし、効率化係数や評価に基づく配分の仕組みがセットされていることもあり、文科省や財務省から評価される改革を毎年続け、他の同カテゴリー（後述）に属する大学よりも高い成果を上げつづけなければ、交付金は減っていく。さらに物価や人件費が高騰しても、その分が追加配分されるわけでもない。建物の改修や新築についても、学費や外部からの寄附等により自前で行うことは難しく、ほとんどの場合、施設設備費の概算要求を行い、国で予算付けされたら実現することになる。そもそも老朽化している国の施設が多いなか、国立大学の施設の更新や改修も遅れている。

私立大学についても、運営母体である学校法人に対して、私立学校振興助成法に基づく私学助成が行われている。同法成立時の附帯決議では「経常費の二分の一補助の速やかな達成を目指す」とされ、一時は私立大学経常費の三割程度まで助成が行われたが、現在は助成率が一割程度にまで落ち込んでいる。

大学は教育を自由に行えるのか？

これらの基本的な仕組みによるだけでなく、大学は大学設置基準をはじめとする様々な省令、要項、ガイドライン等により、設置から、教育研究、管理運営まで国の規制を受ける。しかし、そのトーンはこの三〇年間で変化している。

まず大学それ自体や学部・学科の新設、改組にあたっては、その運営体制（法人と大学のガバナンス）、カリキュラム、学生定員、教員の研究力と人員の確保、学生確保と就職先の見通しなどを示しながら設置者が申請し、大学関係者や経済界代表者をメンバーとする文科省の大学設置・学校法人審議会が大学設置基準に即して審査を行い、認められれば実現する。そのプロセスにおいて、設置者は文科省担当課との事前相談を重ね、申請の内諾を得ておく必要がある。このハードルは以前よりは下がっているが、決して低くはない。さらに設置が認められた新たな教育課程がスタートした後も、しばらくは申請通りの教育が行われているか毎年チェックを受ける。

その大学設置基準は一九九一年に大綱化（内実は規制緩和）された。これにより、大学が学部や学位の名称を比較的自由に決められるようになった。その結果、情報、環境、国際、地域、総合政策等のキーワードを用いた学部や学位の名称が多々用いられるようになった。また、以前は、一般教育科目、外国語科目、保健体育科目、専門教育科目の区別や、卒業に必要な単位数の内訳が定められていたが、その規制も緩和された。二〇二二年改定では運動場が必置でなくなった。このように、この三〇年間で大学の自由度は増した。

一方で、大学は意思決定を自己責任で行い、実施したことを自ら点検・評価する作業も求められるようになった（林、二〇二一、二五七頁）。学校教育法第一〇九条第一項は、「大学は、その教育研究水準の向上に資するため、文部科学大臣の定めるところにより、当該大学の教育及び研究、組織及び運営並びに施設及び設備……の状況について自ら点検及び評価を行い、その結果を公表するものとする」と定めている。この内部質保証の活動を通じて各大学は教育や研究の質を保証し、向上させなければならない。

加えて、二〇〇四年度から始まった大学機関別認証評価制度により、各大学は基準を満たして教育を行っているかどうか七年以内ごとに認証評価機関の評価を受け、大学としての適合性の審査を受けなければならない。どれだけ経営状況が厳しいからといって、むやみに教員数やカリキュラムを縮減し、いい加減な教育を行うことはできない。

文科省や政府は、高校までの教育については、学習指導要領により授業内容の細部まで定めているが、大学に関しては、授業内容にまで事細かく口出しはできない。しかし、人材育成の方向づけや財政的な誘導は行う。例えば、安倍内閣下の首相をトップとする教育再生実行会議の第三次提言「これからの大学教育等の在り方について」（二〇一三年）は、留学生を三〇万人に増やす、社会人の学び直し機能を強化、質保証の充実等を掲げた。岸田内閣下で衣替えされた教育未来創造会議の第一次提言「我が国の未来をけん引する大学等と社会の在り方について」（二〇二二年）でも、大学が目指すべきとされる方向性は大きくは変わらなかったが、デジタル人材の育成、理系分野への女性進学促進、博士人材の増加などが付加されている。現在、大学の教育に求められるものは、リベラルな教養人育成よりも、イノベーション創出に寄与できる人、アントレプレナーとして活躍できる人、あるいはデータの利活用等の経済活動で役に立つ能力を身につけた人の育成にシフトしてきている。つまり、政府の産業政策を踏まえた高等教育政策という色合いが強まっている。

こうした政府中枢での方向づけを受けて、文科省の中央教育審議会大学分科会等で具体策が検討される。さらにその答申を受けて、文科省で必要な法令等の整備、予算付けが行われる。この方針に沿って教育改革を実施する大学向けの事業公募がなされ、提案がコンペで採択されれば時限付きで支援が行われる。有力な大学は、少しでも早く公募情報を得て、プランを考案し、文科省担当課との事前相談を踏まえて採択される確度を高める準備を行った上で応募し、財政的支援を得られるよう行動する。このような形で、国は大学教育をコントロールし、大学教育はその影響を受ける。

このようにみなで選んだ与党や政権の考え方に沿って高等教育の方向づけが行われている。高等教育政策は国民の政治的判断の結果なのだ。

大学の機能分化――イノベーション推進の核となれる大学は？

教育基本法等に明示されているように、大学の役割には、高等教育機関として行う教育と、真理を探究し科学技術を発展させる研究の二つがある。大学全般を所管する行政機関は文科省であり、同省内で高等教育を担当するのは高等教育局である。学生数では八割近くが私学という状況であるが、高等教育局の行政は国立大中心となっている。それは法人化までの国立大学を「護送船団」で維持してきた歴史と大いに関係がある。しかしながら、一九九〇年代から「小さな政府」、受益者負担を旨とする新自由主義的な行政改革の波の中で、高等教育予算を含む文教予算全体、国立大学運営費交付金、私学助成金も抑制されている。

他方、二〇〇〇年代の内閣機能の強化と省庁再編を経て、二〇一〇年代より「政治主導」の下、内閣府、経済産業省等の大学政策への関与が強まってきた。科学技術政策や高等教育政策に産業政策としての「イノベーション」という考え方が入り込み、それに応えられる大学には資源配分していく方向で政治が行われている（青木、二〇二一、七－一〇頁。広田、二〇一九、二七八－二九九頁。共同通信社、二〇二二、一一一－一一五頁）。

失われた三〇年などと称される日本経済の不振を打開するためには、イノベーションが必要との認識に立ち、科学技術基本法を改め、二〇二一年に科学技術・イノベーション基本法が制定された。その第六条は、大学等は「科学技術の進展及び社会の要請に的確に対応しつつ、人材の育成並びに研究開発及びその成果の普及に自主的かつ計画的に努める」としている。大学の役割は真理の探究や新たな科学技術の研究にとどまらない。国公私立大学を問わず大学が、かつ文系・理系を問わず、あらゆる学問分野が、産業政策の実施主体の一つとして、社会のニーズに応え、イノベーションの創出という経済的意味での社会貢献を果たす責務を負うようになった（高橋、二〇二二、三〇－三一頁）。

しかし、国公私立すべての大学がここに向かって邁進できる状況にあるわけではない。大学間にはそもそも国立か私立か、研究重視か教育重視かといった点を含めて「機能分化」という言い方で、カテゴリー分けや差別化がある。

特に国立大に焦点を当ててみる。二〇二二年度から二七年度までの第四期中期目標期間には、国立大は①地域に貢献する取組とともに、専門分野の特性に配慮しつつ、強み・特色のある分野で世界・全国的な教育研究を推進する取組を中核とする（附属病院有）（二八大）、②同（附属病院なし）（二七大）、③専門分野の特性に配慮しつつ、強み・特色のある分野で地域というより世界・全国的な教育研究を推進する取組を中核とする（一四大）、④卓越した成果を創出している海外大学と伍して、全学的に卓越した教育研究、社会実装を推進する取組を中核とする（うち、指定国立大学）（一〇大）、⑤同（指定国立大学ではない）（七大）、の五つにグループ分けされ、それぞれ異なる扱いを受けるとともに、各グループ内での競争にさらされている。①②はどちらかと言えば教育や地域貢献重視型であり、④⑤は研究重視型ということになる。

学生数、教員数、附属病院の有無などの条件が異なるが、結果として配分される運営費交付金も大学間で大きな差がある。例えば、筆者の勤務先でありグループ②に属する茨城大学の二〇一九年度の学生数は、グループ④に属する東大の約二七％、教員数は約一一％であるが、配分される運営費交付金は九％弱にとどまる（文科省「第四期中期目標期間における国立大学法人運営費の在り方に関する検討会」（第2回）資料）。

このような厳然たる区別を前提としながら、国は第六期総合科学技術・イノベーション基本計画（二〇二一年三月に閣議決定）を策定している。そこでは大学について次のように述べられている。「我が国の大学の国際競争力の低下や財政基盤の脆弱化といった現状を打破し、イノベーション・エコシステムの中核となるべき大学が、社会ニーズに合った人材の輩出、世界レベルの研究成果の創出、社会変革を先導する大学発スタートアップの創出といった役割をより一層果たしていくため、これまでにない手法により世界レベルの研究基盤の構築のための大胆な投資を実行する」こと、そしてその具体的手段として、「一〇兆円規模のファンドを早期に実現し、その運用益を活用する」。二〇二四年にはここで言及されている一〇兆円ファンドからの支援を受ける「国際卓越研究大学」第一号にグループ④の東北大学が認定された。

多くの大学、特に理系学部を有する大学は、機能分化でどのカテゴリーに当たるかに関わらず、国や政府機関からの補助を少しでも多く得るために、例えば半導体分野やＡＩ・データサイエンス分野の研究者を集め、拠点化するようリソースを可能な限り集中しようと動く。その結果、研究重視型の大学であっても、短期的に見た経済的な寄与がはっきりと示せない基礎的分野や人文社会科学系の研究や教育は痩せ細っていくことになる。しかも、国からの財政支援は一時的であり、数年後からは大学自前のリソースで、あるいはエコシステムを築いて研究を続け、成果の社会実装を続けていくことが求められる。そこに経営資源を当てつづけることができるか。大学経営者は難しい選択を常に迫られている。

このように大学を差別化し、特に研究で産業に相当程度直接的に寄与できる大学には財政支援を行うというスタンスと政策により大学の将来のあり方までも決定されていく現状がある。ここでも大学は政治にコントロールされている。

少子化と経済低迷のなかでの大学の行方

少子化対策の意味も持たせた、国公私立を問わない大学進学者に対する修学支援制度がある。二〇二〇年度から世帯年収約三八〇万円までを対象とする制度としてスタートし、二〇二四年度からは世帯年収約六〇〇万円かつ多子世帯あるいは理工農系の学生も対象となった。しかしながら、学生の経済事情によらず、進学先の大学が直近三年連続で定員の八割を満たしていなければ、この制度の対象から除外される（例外はある）。定員割れの大学に対するペナルティがこのような形で文科省から科せられ、それを回避するために募集定員を削減する大学が現れはじめている（『朝日新聞』二〇二四年一〇月二五日）。これは、私立大縮小への事実上の誘導である。

経営状況が悪化した地方私立大の公立化の動きも見られる（田村、二〇二二、一一五－一一八頁)。さらには国公私立を問わず大学間の連携を進め、地域内で今後の高等教育のあり方を検討し、相互協力の下で高等教育を持続可能にしていくために、文科省は地域内での「地域連携プラットフォーム」の構築や「大学等連携推進法人」の設置を推奨している。

東大に限らず、現役大学生やその保護者、また大学進学を迎える子どもを持つ親世代にとっては、学費値上げは「とんでもない」話である。しかし、仮に一定程度学費を値上げしても、その上で国が全面的な学費無償化の方向で動いたとしても、それだけでは大学の収入構造が大きく変わるわけではなく、窮状は克服できない。ここに、根本的な問題が二つある。

第一に、少子化の中で学生集めがますます難しくなってくる大学で、既存の教育課程を維持していくことは可能なのか。大学も経営体である以上、市場原理の中で淘汰されていく可能性もある。今後、どの大学でも何らかの再編が確実に求められる。

第二に、その大学が教育重視型であれ研究重視型であれ、そもそも先立つものがあまりに乏しい。学費を多少値上げしたとしても、経営状況の抜本的改善には程遠い。学生ができるだけ低学費で高い質の教育を受けつづけられるようにするにも、大学が世界で通用する研究成果を生み出し、社会実装できるようにしていくにも、追加的な資金が必要だ。

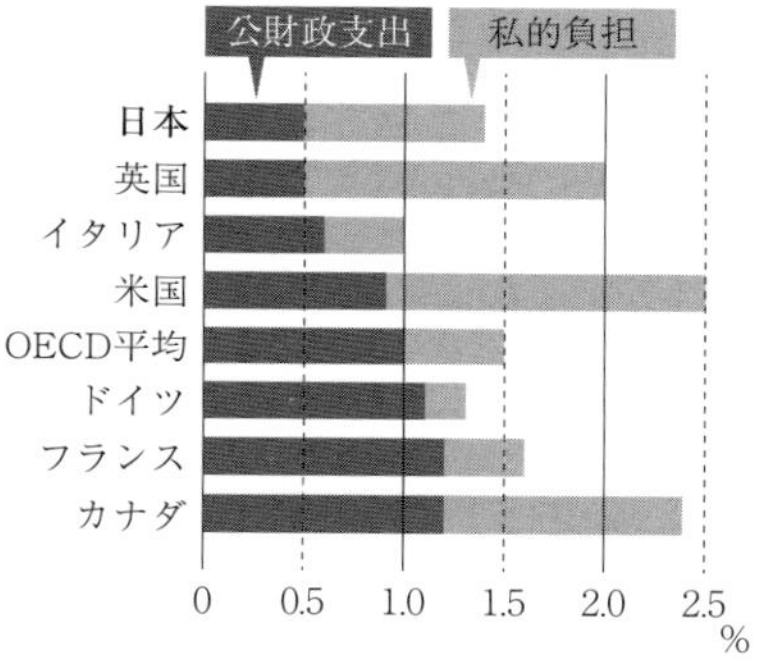

出所：『東京新聞 Web 版』、2024 年 4 月 3 日。
https://www.tokyo-np.co.jp/article/318984
（2024 年 10 月 21 日閲覧）

図 4-2　高等教育機関への支出の対 GDP 比（2020 年）

ここで政治的論点となるのは、第一に、国内の大学全体の予算規模をどの程度にするのか、それを日本ではどの程度公財政でまかなうのか（他国との比較は図4-2を参照）という点である。大学は公器であるとみなが認めるなら、税金を原資に公財政で賄うべきとなるが、そのためにさらなる税負担を広く求めるかどうかである。

第二に、国が「選択と集中」という考え方を軸に大学をカテゴリー分けしたり、投資に対する短期的な成果を求めたりすることを是とするかだ。各大学への期待や成果を、政権中枢や一部の有識者で決めるという方法が適切であるかどうかが実は論点となる。

二〇二四年一〇月の衆議院議員総選挙時には、多くの政党が大学までの学費無償化を公約に掲げた。しかし、本来、教育も研究も百年の計である。もう一回り広い視野から大学の行方を政治の場面で議論し、決定しなければならない時期が来ている。

参考文献

青木栄一（二〇二一）『文部科学省』中公新書。

朝日新聞「国立大の悲鳴」取材班（二〇二四）『限界の国立大学』朝日新書。

共同通信社「日本の知、どこへ」取材班（二〇二二）『日本の知、どこへ』日本評論社。

高橋智子（二〇二一）「科学技術基本法改定と大学の教育研究システム」『学術の動向』第二六巻第五号、三〇 - 三五頁。

田村秀（二〇二二）『自治体と大学』ちくま新書。

橋本鉱市・阿曽沼明裕（二〇二一）『よくわかる高等教育論』ミネルヴァ書房。

林隆之（二〇二一）「大学改革政策の展開と新たな大学像の模索」『研究 技術 計画』第三六巻第三号、二五七 - 二七〇頁。

広田照幸（二〇一九）『大学論を組み替える』名古屋大学出版会。

第5章　感染症をめぐる権力と自由

二〇二〇年のステイホーム

新型コロナウイルス感染症のパンデミックのせいで、私たちはしばらくの間やりたいことが思うようにできなくなった。友達や恋人と会えない、学校や会社に行けない、部活動ができない（春夏の甲子園が中止になったこともある）、飲み会ができない、自分の店が営業できない等々、二〇二〇年以降に失った自由を数えればきりがない。特に流行初期は多くのことを我慢し、あきらめ、家で過ごす時間が長かった。情報が少なくワクチンも治療薬もない状況において、とりあえず私たちにできる最も確実な対策といえば、外に出ないことだったのである。ステイホーム。この言葉にはどこか無力感が漂う。文明が高度に発達した現代社会であっても、目にみえない小さなウイルスが猛威を振るうと、私たち人間は家にこもり嵐が過ぎ去るのを待つしかなかった。

だが見方を変えると、ステイホームの背後にはある種の力が働いていた。政府が人びとに対して外出しないよう繰り返し求めていたのである。そのような要請が最も強く、はっきりとした形で現れた場面の一つが、二〇二〇年四月の緊急事態宣言の発出である。海外には、いわゆるロックダウンを実施した国も少なくない。こうした国内外の動きに共通するのは、政府が権力を行使して人びとを家に閉じ込めたことである。

ステイホームやロックダウンに限らず、感染症対策は国家の権力によって個人の自由を制限するものが多い。それは、人の移動や行動がウイルスを運ぶからである（動物や昆虫がウイルスを運ぶこともあるが、ここでは人の問題に話を限定する）。人が長い距離を移動し、他人と接触・交流するからこそ、ウイルスもそれに乗じて世界中に広がることができる。したがって、ウイルスの広がりを止めるためには、人の行動を止めなければならない。そこで権力の出番となる。

もちろん個人の自由はむやみに制限してよいものではないから、権力と自由のバランスが政治的課題となる。その意味で、コロナのパンデミックにおいて権力と自由の問題、あるいは国家と個人の関係が世界共通の政治テーマとして浮上したといえよう。岩崎がこう指摘する。「今日の政治学においては……国家と個人の関係を正面から議論する機会があまりなかった。両者の関係は所与のものとして取り扱われてきたが、今回のパンデミックは、国家と個人の関係を改めて正面から考える機会を期せずして提供することになった」(岩崎、二〇二四、三-四頁)。パンデミックや感染症対策は単なる病気の問題にとどまらず、政治の問題でもあり、政治学の研究対象になる。

本章では、この観点から日本のコロナ対策を検証する。特に注目するのが行動制限、そして緊急事態宣言である。二〇二〇年のステイホームを政治の問題として捉えると、この国の権力の形が浮かびあがるのではないか。

感染症対策の政治性

まずは一般論として、感染症対策の基本を確認しておこう。パンデミックに対して政府がやるべきことは多い。実際、コロナに関して世界中の政府が行った対策を挙げると、行動制限の他にも感染状況の把握、国境での検疫や出入国制限、ワクチンの確保・配分・接種、事業者や個人に対する財政支援など、多岐にわたる。

とはいえ、政府も完璧な存在ではない。パンデミックという例外状況では政府の能力が試されることになる。人びとはウイルスという脅威に関して政府に多くのことを期待するが、政府が応えられるかどうかはケースバイケースである。二〇二〇年を思い起こせば、世界には有効な対策を素早く講じて結果を出し、世論の支持を集めたリーダーもいれば、的確な判断ができずに迷走し、支持を失ったリーダーもいた。日本では当時の安倍晋三、菅義偉両首相ともコロナ対策に対する国民の評価が総じて低く、そのことが支持率の低下につながっていた。こうした状況は政府にとっては厳しいものだが、人びとが政府の役割を重視していることの現れでもある。

ここで権力と自由の問題に注目すると、政府が（特に民主主義国において）ひときわ難しい判断を迫られるのは、行動制限である。なぜなら、それは政府が人の移動や人と人の接触・交流を減らすために一般市民の私生活に介入する対策であり、本質的に権力によって個人の自由を制限するものだからである。パンデミックを止めるために自由を制限することは、どの程度許されるのか。市民はどこまで自由の制限を受け入れるのか。政府は限られた時間のなかで、その微妙なラインを見極めなければならない。前節で触れた、感染症対策における権力と自由のバランスという政治的課題は、特に行動制限に当てはまるものなのである。

もちろん、自由を失ってもそれで命と健康を守れるのなら別に問題ないのでは、という考えもあり得る。また、たしかに二〇二〇年以降の行動制限のせいで外出が難しくなり、普段通りの生活ができない窮屈さはあったにせよ、人によっては学校・仕事がリモートになったおかげで通学・通勤のストレスがなくなったとか、家で好きなことをする時間が増えたというように、行動制限がある種の「恩恵」をもたらした現実も否定できない。

しかし、社会のなかで個人の自由が広範に失われたことの代償は大きい。いくつかの研究・調査によれば、日本ではコロナ対策の弊害として、子ども・若者の自殺の増加、DV（家庭内暴力）の増加、子どもの学力・非認知能力・健康に対する悪影響（特に恵まれない家庭の子どもたちは影響が大きい）、婚姻数の減少およびその結果としての将来の出生数の低下（の見込み）などが明らかになったという（大竹、二〇二二、一〇五－一〇六頁）。政府はウイルスという一つの脅威に照準を定め、人びとの命と健康を守るための緊急措置として自由を制限したが、それが別のところで逆に人びとの命と健康を脅かし、将来の選択肢を奪い、社会を蝕んでいた。この現実は重い。果たして日本の対策はあれでよかったのか。私たちは、感染症対策における権力と自由のバランスを、社会全体に関わるリアルな政治的課題として認識する必要がある。

このような問題を念頭に置き、次節から二〇二〇年前半の動きを中心に日本の行動制限を振り返り、権力がどのように自由を制限したのかを明らかにしたい。

日本の準ロックダウン

行動制限の話をする前に、日本のコロナ対策の全般的な特徴を諸外国との比較からつかんでおこう。世界で最初にコロナの流行が始まった中国は、当初から徹底的な封じ込めによるゼロ・コロナを追求しつづけた。その象徴がロックダウンである。これと真逆の路線を進んだのがスウェーデンで、感染が広がることは受け入れて重症者の対応に注力した（ただし、中国もスウェーデンも後に方針を転換している）。

日本はこうした両極端の中間に位置する。すなわち、ゼロ・コロナは追求しない一方、感染者数を抑制し、死亡者数も一定レベルにとどめることを目指したのである（尾身、二〇二三、六四-六五頁）。そこには、感染抑制と社会経済活動の両立という狙いもあった。感染抑制を厳しくすると社会経済活動が停滞するというトレードオフの問題があるなか、日本はどちらか一方に振り切るのではなく、社会経済活動への悪影響をできるだけ小さくしながら、感染状況の悪化を食い止めようとした。こうした中間的な路線はしばしば「日本モデル」と呼ばれる（ＡＰＩ、二〇二〇、二六-五一頁）。

この日本モデルの柱の一つが行動制限だった。具体的な中身は、外出自粛の要請、学校の休講要請、施設・店に対する休業要請、イベントの開催自粛要請などである。「要請」という言葉からわかるように、日本の行動制限は法的な強制力や罰則をともなわない。これに対して、諸外国の行動制限は法的な強制力や罰則に裏付けられたものが多い。ロックダウンが典型例である。なお、似た言葉の「行動変容」は、人びとの行動パターンが変わることを意味する。例えば、普段より外出を控えることや念入りに手洗いをすることなどがある。日本の行動制限は、政府が「要請」という形の穏健な権力の行使により、人びとの行動変容を促したものだと理解できる。岩崎の言葉を借りれば、「日本でみられたのは、国家が非強制的なかたちで『要請』し、個人は協力的に『自粛』するという構図であった」（岩崎、二〇二四、九頁）。

そんな日本において、行動制限を最も厳しく、かつ包括的なレベルに引き上げたのが、緊急事態宣言である。コロナのパンデミック中に計四回出された宣言のうち、一回目の宣言を詳しく振り返ってみよう。

二〇二〇年一月中旬に国内初の感染者が確認されてから、各地にじわじわと感染が広がり、二月下旬に全国の累計感染者数が一〇〇人を超え、三月中旬には五〇〇人に達した。

いわゆる第一波の始まりである。同じ頃、ヨーロッパは日本より深刻な感染拡大に直面しており、イタリアを皮切りにロックダウンを始める国が増えていた。世界保健機関（WHO）は三月一一日にパンデミックを宣言。日本では、同月下旬に当時の対策の中核をなすクラスター対策に限界がみえはじめ、医療崩壊の可能性が高まった。

四月に入ると、日本医師会やマスメディア、財界、都道府県知事など各方面から、政府に緊急事態宣言の発出を求める声が強まり、世論も同様だった（API、二〇二〇、一四一－一四二頁。竹中、二〇二〇、一四二頁）。こうした流れに押される形で、安倍首相が四月七日に宣言を発出する。当初、宣言の対象地域は東京都、大阪府、福岡県など七都府県で、一六日に全国に拡大された。首相は七日の記者会見において、この宣言が海外のロックダウンとは違い、社会経済活動をできる限り維持しながら感染拡大を止めようとするものだと強調した。日本のコロナ対策のなかで緊急事態宣言は最も厳しい部類に入るが、決して先述の中間的な路線から外れることはなく、法的な強制力や罰則を伴わない穏健な権力の行使により人びとの行動変容を促すものだった。

そのような緊急事態宣言であっても、発出されると目にみえて人の移動が減った。渋谷のスクランブル交差点はひっそりと静まり返り、銀座の街はシャッター商店街と化し、朝の満員電車はなくなった。休業や営業時間短縮の要請を受けた施設・店は大部分がそれに従ったし、人びとは外出を控え、仕事をリモートワークに切り替えたのである。すでに宣言の前から外出自粛や休業の流れが強まっていたとはいえ、宣言が人の移動を減らす決定打となったことは間違いない。それによって日本はロックダウンに近い社会状況、いわば準ロックダウンに突入したのである。

この事実は、政治学の視点からみると二つの点で興味深い。一方で、日本の準ロックダウンは、権力に関する普遍的な真実を私たちに突きつけた。国家の権力は個人の自由を制限できる。政府のやることが、あれほど多数の人びと（日本に住む全員といってもよい）の生活を短期間でがらりと変えることは滅多にない。まさに非常時の例外状況だったが、そこに浮かび上がったのは権力の本質に他ならない。他方、日本の政府が行使した権力は、世界的にみれば穏健な方だった。ロックダウンをした国では、政府のステイホームの「命令」に従わなければ罰金を払わされたり、逮捕されたりすることがあった。外出する人を取り締まるために、警察どころか軍隊が街を巡回していた国もある。そうだとすると疑問がわく。日本政府が私たちを家に閉じ込めるために行使した権力は、諸外国に比べて決して強くはなかった。なぜそれでも準ロックダウンを実現できたのか。

権力のありか

一つの理由として挙げられるのは、人びとの自発的な服従である。丸山がいうように、集団を指導・支配するために必要とされる権力の強さは、「その対象となる集団の自発的能動的服従の度合と反比例する」（丸山、二〇一四、五一頁）。まさに日本のコロナ対策において、人びとの自発的な服従の度合いが大きいゆえに、それに反比例して政府が行使する権力は弱くても十分に効果を発揮できた。言い換えれば、強制ではなく要請にとどまる穏健な権力の行使でも人びとを従わせることのできる環境が、もともと日本には整っていた。いわば日本政治の初期設定に政府が助けられた形である。政府に科学的助言を行う専門家会議で副座長を務めた尾身は、日本のコロナ対策が全般的にうまくいったと評価したうえで、その理由の一つに「一般市民の健康意識が高く、国や自治体の様々な要請に協力してくれたこと」を挙げた（牧原・坂上、二〇二三、六四頁）。「国の要請に協力してくれた」ことを政治学的に読み解けば、「権力に自発的に服従してくれた」と解釈できる。

もう一つの理由は同調圧力である。日本では、たとえ緊急事態宣言の期間に外出しても、あるいは自分の店をいつもどおり開いても、警察に逮捕されることも罰金を取られることもなかったはずである。しかし、「近所の目が気になる」とか「世間が許さないのでは」といった一人ひとりの不安が、心理的な束縛要因として社会の自粛ムードを強化していた。当時の内閣官房の幹部は、日本が第一波を乗り切ることができた理由の一つとして「罰則なしの自粛がものすごく効いたということ。……日本は同調圧力がすごくて、自粛が効果を発揮した」と語った（ＡＰＩ、二〇二〇、三五頁）。杉田は、一九世紀の思想家ジョン・スチュアート・ミル（John Stuart Mill）が主著『自由論』において、社会の多数派が少数派または個人の自由を抑圧する現実を「社会的専制」と考えていたことを踏まえ、日本のコロナ対策をめぐって同調圧力が働いたことはその実例だと論じる（杉田、二〇二四、一一一一三九頁）。二〇二〇年に現れた「自粛警察」は、まさに同調圧力を可視化する存在だった。

当然この「警察」は比喩表現であり、本当の警察、つまり国家の権力とはまったく関係がない。しかし、ミルの「社会的専制」という言葉が示唆するように、そうした過激な集団を生み出す社会の同調圧力も「権力」に他ならない。なぜなら権力とは、国家の政治権力（公権力）にとどまらず、別の次元に存在するさまざまな力も含む広い概念だからである。権力の有名な定義には、「本来ならＢがしないであろうことを、ＡがＢにさせることができる場合、AはBに対して権力をもつ」（ロバート・ダール Robert A. Dahl）とか、「社会関係のなかで、抵抗を排して自己の意志を押し通せる可能性」（マックス・ウェーバー Max Weber）というものがある。要するにそれは、ある人間・集団が別の人間・集団を動かす目にみえない力であり、一般社会のなかにも現れる。国家の政治権力が「上からの」権力だとすれば、「横からの」権力、いわば社会権力も存在するといえよう。社会の多数派が少数派や個人の自由を抑圧するケースは、その好例である。あなたが世間の目を気にして外出を控えたとき、社会権力が作用していた。

ただし、二〇二〇年前半の日本において、誰が「多数派」だったのかを特定するのは難しい。それは想像上の多数派だったかもしれない。というのも、あのとき多くの人が行動制限に関して、相反する二つの感情を抱いていたと思われるからである。世間の目によって自分の行動が縛られていると感じる一方、自由に行動している（ようにみえる）他人を非難したくなる——。一人の人間のなかに、多数派と少数派が同居していたとも言い表せよう。だとするなら、私たちの自由を奪ったのは私たち自身だったのではないか。外出を控えたあなたが、実は社会権力の一端を担っていた可能性がある。

さらに、同調圧力に関連して注目したいのが、政府よりも世論の方が緊急事態宣言を強く求めていた事実である。政府のなかでは、首相・大臣の間に温度差はあったものの、宣言を出すこと自体に消極的な意見が最後まで根強かったといわれる（API、二〇二〇、一四一頁。竹中、二〇二〇、一四四頁）。これに対して、宣言前の国内の雰囲気を磯野が（批判的な観点から）次のように表現する。「二〇二〇年春、『緊急事態宣言を出さない政府』を批判する人々の声が高まった。私はこの状況に心底驚いた。いや、もっと素直に吐露すると怖かった。緊急事態宣言は、国民の自由を政府が制限する宣言である。そんなことはさせまいと抵抗するのが、抵抗が許されているのが民主主義国家だと信じていた。しかしこの国では、国民が自分たちの自由を制限するようにと声を上げた」（磯野、二〇二四、二一三頁）。

二〇二〇年三月下旬の読売新聞の世論調査によれば、今後、感染状況が悪化した場合に政府が緊急事態宣言を出すことについて、「当然だ」と答えた人が一九％、「やむを得ない」と答えた人が七二％だった（『読売新聞』二〇二〇年三月二三日）。回答者の九割が宣言を支持していた。また、すでに二月下旬から政府はイベントの開催自粛や一斉休校を要請するなど、行動制限を始めていたが、これに関して首相官邸スタッフは「社会的な機運の高まりにより、当初の想定より厳しい施策をせざるを得なくなった」と語る（API、二〇二〇、一三五頁)。宣言の発出後にNHKや主要新聞が行った世論調査をみると、いずれも回答者の七割以上が宣言のタイミングは「遅すぎた」と評価していた(API、二〇二〇、一四二頁。竹中、二〇二〇、一六〇 - 一六一頁)。

このように世論が緊急事態宣言を求めていた事実は、社会権力が政治権力の発動を促したものと解釈できる。すなわち、今のままでは一部の人びとが好き勝手に行動してウイルスを広げてしまうので、その行動を制限してほしいと社会の「多数派」が政府に働きかけた形である。社会権力が政府を経由して、間接的に社会に作用したともいえる。

以上をまとめると、日本の準ロックダウンは政治権力と社会権力の連動があったからこそ実現できたのである。政府の穏健な権力の行使が、人びとの自発的な服従に助けられたことは確かだが、それだけでは当時の状況の説明としては不十分である。社会権力が同調圧力という形で政治権力の弱さを補い、同時に政府に対する世論の圧力という形で政治権力の背中を押した点も見逃せない。

自由を守るために

緊急事態宣言が発出されて家に閉じこもったとき、いろいろな自由を奪われた理不尽さに不満や怒りを感じた人は少なくないだろう。しかし、その自由を奪った権力の出どころを探っていくと、自分自身にたどりつく。すでに述べたように、社会権力は市民が作り上げるものである。加えて、よく考えれば政治権力についても、それが生まれるプロセスは、選挙をはじめとするさまざまな経路を通じて世論を反映しているのだから、やはり市民が権力の創出に参加している。結局のところ、権力は私たちが作るものなのである。

本章の議論は問題の構図を大まかに描いたものに過ぎず、権力の連動の詳しい実態を解明することや、権力以外の要因を探ることは課題として残されている。しかし、感染症対策を政治の問題として考えることの意義は明らかだろう。二〇二〇年のステイホームは政治を抜きにしては語れない。家に閉じこもった私たちが直面していたのは、何よりも権力と自由の問題だったのである。次のパンデミックに備えて、日本のコロナ対策をこの観点から検証することが大切である。それによって、あのときに失った自由を取り戻すことはできないけれど、日本の感染症対策を改善するための、そして将来の自由を守るためのヒントが得られるはずである。

実際、日本の感染症対策における行動制限の見直しは今後一つの焦点になるだろうし、ロックダウンの可否が議論されるかもしれない。その際に意識すべきなのは、これが国家と個人の関係にまつわる権力と自由の問題であり、しかも権力のあり方は意外に複雑だということである。未知のウイルスが迫り来る非常時において、命と健康を守るために自由を手放すことは仕方がないのかもしれない。だが、私たちの自由を奪うのはウイルスなのか、政府なのか、私たち自身なのか、よくよく考えるべきだろう。権力は、ウイルスの場合とは違う意味でみえにくい。

参考文献

磯野真穂（二〇二四）『コロナ禍と出会い直す――不要不急の人類学ノート』柏書房。

岩崎正洋（二〇二四）「COVID-19と社会の変容――何が変わり、何が変わらなかったのか」岩崎正洋編『コロナ化した世界――COVID-19は政治を変えたのか』勁草書房、一-一八頁。

API＝一般財団法人アジア・パシフィック・イニシアティブ（二〇二〇）『新型コロナ対応・民間臨時調査会　調査・検証報告書』ディスカヴァー・トゥエンティワン。

大竹文雄（二〇二二）『行動経済学の処方箋――働き方から日常生活の悩みまで』中公新書。

尾身茂（二〇二三）『一一〇〇日間の葛藤――新型コロナ・パンデミック、専門家たちの記録』日経BP。

杉田敦（二〇二四）『自由とセキュリティ』集英社新書。

竹中治堅（二〇二〇）『コロナ危機の政治――安倍政権VS.知事』中公新書。

牧原出・坂上博（二〇二三）『きしむ政治と科学――コロナ禍、尾身茂氏との対話』中央公論新社。

丸山眞男（二〇一四）『政治の世界　他十篇』岩波文庫。

第6章　自然災害とともに生きるためにはどうしたらいいのか

災害大国？

二〇二四年一月一日に発生した能登半島地震は地域社会に影響を及ぼすほどの甚大な被害をもたらした。二〇二五年が明けて発災から一年以上が経っても復旧・復興の遅れが懸念されている。この一〇年間で、地震災害に限っても、東日本大震災、熊本地震、北海道胆振東部地震と挙げればきりがないほどの大災害を我々は何度も経験している。

今後三〇年以内に七〇～八〇％の確率で起こるとされる「首都直下地震」や「南海トラフ巨大地震」など、全国各地で起こりうる巨大な地震が想定されている。想定も発生する場所も複数考えられており、シナリオによって住んでいる地域の被害想定も様々である（中央防災会議、二〇一三）。

二〇二四年八月八日に日向灘で発生した地震によって、「南海トラフ地震臨時情報（巨大地震注意）」が発表された。翌週の八月一五日に解除となったが、自分の居移地域、職場を考えたうえで備えをどのようにすればよいのかを思案した人も多くいただろう。しかし、解除により大地震の発生の可能性がなくなったわけではない（気象庁、二〇二四）。

日本で日常生活を送ることは、常に自然災害の脅威と隣り合わせである。自然災害が発生する前に、個人でできることは食料品や防災用品を備蓄し、自分で自分の身を守る「自助」が挙げられる。しかしそれには限界がある。住む場所や財産を失った場合には、国や自治体といった公的な機関に頼らざるを得ない（公助）。とはいえ、元の生活に向けて国や自治体の支援さえあれば生活の再建ができるわけもない。被災していない人、被災した人同士もかかわりあいながら手助けをしていくことが必要となる（共助）。

自然災害と政治、特に国の役割はどこまで私たちに関係しているのだろうか。本章では、日常生活において国による災害対策がどのように我々に関わっているのか考えてみたい。

防災ではなく減災へ

被害をもたらすことが予測される自然災害が発生した場合、私たちは避難するのか選択をせまられる。避難とは、予想される災害の地点から移動して安全を確保することである。

十分に安全が確保できる場合に、その場にとどまる退避行動も避難に含まれる。
大きな被害が発生した場合は、国と自治体は災害対策基本法に基づき、被災した人や被害がある地域に対して支援をするための対策を講じる。この法律は一九五九年の伊勢湾台風で被害が甚大であったため作られた。

災害対策基本法では、国や自治体などの公的機関は主に住民の救助と救援と支援を中心に行う（公助）。大きな災害を経て何度となく法律の改正を繰り返しているが、公助が基本法の中心となる考え方は変わらない。ただし、自助、共助、公助の中で自助または共助を推進する動きは大きく進んできた。その理由は、一九九五年に発生した阪神・淡路大震災の被害が関係している。倒壊する建物などから救助された人の多くは、家族または近隣の住民によって助け出されたとされているためである（河田、一九九七）。特に地震災害の場合は、消防は火災の消火活動を行う必要があり、同時に救助活動も行わなければならない。つまり、公助による被災者支援は発災時に全員に届くことが難しく、自助と共助に頼らざるを得ない部分もある。

阪神・淡路大震災では、地震発生後に多くの建物や高速道路も倒壊した。インフラ整備などのハード面での防災対策だけでは、想定以上の地震による被害を防ぐことができないことが露呈した。この災害の結果、二〇〇〇年に建築基準法の改正が行われ、建物の耐震規準に関する見直しがされた。現在でも地震の対策の目安となる、旧耐震、新耐震という建物基準が新たに設けられたのである。公的な機関のハード面のみの防災に頼らない自助、共助という概念を公助を前提としながらも推進する、いわゆるソフト面での災害対策の考え方が注目されるようになった。

さらに、災害対策基本法の改正のなかで、最前線で住民などの対応を行う自治体の防災強化とともに自助、共助の促進をはかるための被災地域に関する情報提供や取り組みを行うようになった。また、日常生活に関わる地域防災計画の見直しなど、ソフト面での災害対策が積極的に推進されたのである。

二〇一一年に発生した東日本大震災は複合災害といわれ、広域での地震と津波、そして原子力発電所の事故というかつて経験がないものであった（外岡、二〇一二）。堤防や河川の改修などハード面の防災対策だけでは被害を防ぐことができなかった。自治体の役場庁舎が被災するケースも散見され、災害時の緊急対策本部の設置すらできない公助の限界も露呈することになった。公助といっても、自治体を中心とする自然災害への対策強化だけでは、不十分であることは明らかになった。

防災という言葉があるように、かつて自然災害の対策は、ハード面を整備することに主眼が置かれていた。水災害であれば、堤防を造り水の侵入を防ぐことは防災にあたる。他方で、減災は、自然災害はいつどこで発生するのか予見が難しいため被害がある前提にたつ。未然にすべてを防ぐことは難しいため、被害を最小限に食い止めることに主眼を置く考え方である。例えば、災害時の避難経路や避難方法を検討しておくことは減災になる。

災害対策基本法が制定されてから数十年で数多くの災害を経験しているわけだが、想定外は常に起こるため、科学技術の力のみで防ぐことは難しい。そのため、ハード面を中心とし、自然災害から身を守る防災ではなく、被害を最小限に食い止めるために何ができるのか、を考える減災が重要な概念として考えられる（室崎、二〇一三）。

自治体など行政による公助が機能しないことを考えると、減災を可能にするのは、自助という自分で災害に対する備えや想定を考えることや共助という災害による被害を最小限に食い止めるために互いに助け合うことになる。

しかし、自助、共助を促すためにも、国の役割（公助）が必要であることは言うまでもない。日本の災害対策基本法では、アメリカの大統領令のように、災害時に強制的に人をその場から避難させることはできない。例えば、住民に避難をしてほしいと考えていても、自治体が避難を命令することはできない。つまり、避難命令という言葉を用いた対応を自治体ができない現状がある。日本では他の国々よりも国や自治体の権限が強くないため、情報を提供する国または自治体からのお願いベースでの要請となっている。そのため、自助、共助を促すための公的な機関の平時からの取り組みが必要となる。

減災のための日常での公助とは？

災害対策基本法に基づく自治体を中心とする公助には限界があるにせよ、災害が起こる前後での政治の役割、すなわち国の役割が小さくなったということではない。

東日本大震災以降、自助、共助、公助のうち、自助、共助の醸成を国は推進している。二〇一三年の強くしなやかな国民生活の実現を図るための防災・減災等に資する国土強靭化基本法では「事前防災及び減災のための取組は、自助、共助及び公助が適切に組み合わされることにより行われることを基本としつつ、特に重大性又は緊急性が高い場合には、国が中核的な役割を果たすこと」（第八条六号）と記載している。つまり、国および自治体が自然災害に対応することを明記しながら、自助、共助を重視していることがわかる。

この理由は、公助だけでは十分ではないと考えているからである。とはいえ、自助、共助を涵養するために国を中心とする日常的な公助は行われている。

例えば、南海トラフ地震臨時情報は国から甚大な被害が想定される地域の人びとのために発出されるものである。被害が想定される地域の人は地震が発生した場合にすぐに避難ができるように準備をしておくことを期待したメッセージになる。つまり、避難をすぐに行う必要はないことも同時に示唆している。初めて出された情報だったため、何を準備すればよいのかわからない人が多かったかもしれない。また、場合により、当該地域の住民の不安をあおるメッセージになったかもしれない。

とはいえ、このような警戒情報があることにより、我々は自分の身を守るためには何をすればよいのか考えることができる。情報が提示されることで災害が発生した場合にどこの避難所に避難するのか、在宅避難をするのか、私たちは事前に検討することができる。つまり、国からの情報の提供は、個人で何ができるのかを考える自助を促すための取り組みになる。国などの公的な機関からの情報が我々に常に届くような仕組みと届いた情報を適切に理解し、行動できるようにすることが自助を促すためには必要となる。

地震以外も含めた災害時のニュース報道やスマートフォンから流れてくる自然災害に関する警報は人が避難を判断しやすいように改善されている。現在使用されている避難指示は、以前まで避難指示と避難勧告の二つに分かれていた。水害など、災害がある地域に発生する場合には避難勧告を先んじて該当する地域の自治体から発出していた。しかしながら、多くの人が避難勧告と避難指示の違いをよく理解していなかったことから、避難勧告は二〇二一年の災害対策基本法の改訂の際に、避難指示に一本化された（内閣府、二〇二一）。公的な情報として、国や自治体が避難に関する情報を発出したとしても、避難をどのタイミングで行えばよいのか、その言葉の意味から判断がつかない場合、避難行動につながらない。そこで、住民に伝わりやすい情報を提供するために、五段階の警報から四段階の警報に変えたのである。そのなかで避難勧告、避難指示としていた警報の一本化をはかることで、私たちに情報が提供された場合には避難行動をするタイミングだと認識し、実際の行動に移してもらうことを期待している。この警報の枠組みの変更は自助を促す仕掛けになっている。

また、国は警報を正確に届けるために対処に時間的余裕のない事態に関する情報を、人工衛星を用いて（内閣官房や気象庁から消防庁を経由して）私たちに送信している。自治体は防災行政無線等を自動起動することにより、住民まで緊急情報を瞬時に伝達する「全国瞬時警報システム（Jアラート）」を用いている。情報を確実に届けるために、国は報道機関やコミュニティ放送、携帯電話事業者など、民間の事業者に情報提供を要請することで、様々な媒体から情報を即時に我々は得ることができる。耳障りが悪い音が突然流れる「緊急地震速報」はJアラートによる国民保護の一環として、私たち住民の安全を守るために行われている情報提供である（総務省消防庁、二〇二三）。

多くの場合、私たちはスマートフォンを経由し、情報を職場や通学先または居住している地域で警報として受け取る。国などの公的機関から提供される情報は災害に備える際に欠かせない。また、警報は津波や水害、土砂災害時の気象状況を理解するために四段階で色分けがなされている。例えば、避難指示は紫色であるが、この情報は視覚的にどの程度の危険が迫っているのかを住民に提供する意図がある。自分のいる場所が紫色を示していれば、住民はただちに避難した方がよいというメッセージを示している。そのため、情報の内容を言葉で判断できない場合には、自分が現在いる場所がどの色になっているのかを視覚的に判別することで、自分が危険であるかどうか判断が可能になる。

過去の災害でも、情報が正確に提示されたとしても、実際には逃げ遅れといわれる人も出ている。とはいえ、国から私たちに即時にメッセージが届く仕組みにより、自助または共助に資する公助によるソフト面での減災の取り組みが日常生活の一部に組み込まれている。

また、近年では気象に関する即時的な情報の提供により、日常生活における移動の制限を行う場合もある。計画運休は二〇一四年一〇月に台風一九号が接近した際にＪＲ西日本鉄道事業者がはじめた取り組みである。そのため、公共交通機関である鉄道事業がその決定を行う。法的な根拠はないが、国土交通省は「鉄道の計画運休に関する検討会議」を設置して、公共交通機関が円滑に計画運休を行えるように「鉄道の計画運休の実施についてのとりまとめ」というガイドラインを作成し、国として取り組みを支援している（国土交通省、二〇一九）。

通勤、通学など日常生活において予定がある人びとに対して大きな影響が予想されるが、自然災害による社会的な混乱や被害が考えられる場合には、被害を最小限に食い止めるための事前の運休に関する情報と方針を示すことで、企業などの事業者および人びとに対して自宅に留まるなどの行動を働きかける仕組みである。

在宅での仕事が難しいため別の移動方法を考える人や学校で試験があるので休むことができない人など個別の問題も生じるため、外出するか否かの判断は最終的に利用者のモラルにおうことになる。しかし、人が自由に行動することに関して制限を行うことになると考えると、国や事業者による我々に対しての働きかけの影響は大きい。

被災時の公助の役割とは

実際に被災した際に国を中心とする公助のソフト面の減災対策はどのようになっているだろうか。在宅避難であれ、避難所へ避難した場合であれ、生活に必要な物資、すなわち、支援物資の問題は避けて通れない。私たちは居住する地域が被災した際に被災生活をするための支援物資を受け取れるだろうか。

一部の避難所では、避難所運営に関わる備蓄品、資機材などは町会費で賄われており、町会加入者が優先されることもある。町会や自治会への加入は任意であるが、現在の町会・自治会が避難所運営の主体となっているケースもある。そのため、避難所によっては自分が想定している物資が即時に手に入らないこともある。

東日本大震災では自治体の庁舎が被災したケースもあり、支援物資が住民へ届かないこともあった。そのため、国は被災に備えて三日間分の非常食を用意するように私たちに求めている。また、地域での非常食などの備蓄を積極的に推奨している。被災した自治体では、必要となる物資の情報を正確に把握する時間を要する。また、民間の物資の供給能力が低下することが考えられる。

そこで、国は被災した都道府県からの要請を待つことなく避難者への支援を行うために、必要不可欠と見込まれる物資を調達し、被災地に緊急輸送する「プッシュ型支援」を近年では実施している。避難所等へ物資の支援を行うことで生活に必要なものを受け取れない状況が発生しないことを目的としている。国がトップダウンで行うこの公助の方法は、二〇一六年の熊本地震から開始された取り組みである。被災して間もない段階で物資が滞ることを解消する有効な方法といえるし、要望を聞いた上で物資を供給する従来の「プル型」の支援で生じていた問題点がなくなる。初期の段階では、必要になる携帯用トイレ・簡易トイレ、幼児・小児用の紙おむつ、液体・粉ミルク等、大人用のおむつ、生理用品、食料品など活用することが考えられる物資が送られることになっている（内閣府、二〇一六）。

被災した住民の要望を待たないで物資を送ることは、被災地域や被災者が欲している物資のニーズに対するミスマッチにつながることがある。だが、被災した際にどの住民でも物資を受け取ることができるという点は災害時の（国からの公助としての）初動対応となる。

減災のための自助・共助と政治

過去の地震災害の例をみても、いつどこで災害が起こっても不思議ではない。そのため、可能性がある自然災害に関する対策はハード面のみでは難しい。個人が未然に防ぐことはできない。そのため、国を中心とする公的機関による支援が欠かせない。公助は過去の自然災害の例を示したように、自治体が被災する可能性もあるため、機能しない場合もある。それでも、緊急地震速報の発出や災害対策基本法に基づく国や自治体の対応は、私たちが災害に備えるための自助、共助を促進するための役割を果たしてきた。

能登半島地震のように、被災地域の復旧・復興が当該自治体や住民だけでは困難なことも考えられる。災害対策基本法では、自治体が被災に関わる現場対応の多くを担うことになっているため、その限界が生じていることも事実である。防災庁に関する議論は、この制度的な問題を解消するために、できる限り国が災害に関わる対応の主体となり、自然災害に取り組むことの表れである（『日本経済新聞』二〇二四年一一月一日）。内閣府防災担当部局が設置され、各省庁から人員が出向することで災害対応を行っていたが、近年の災害の被害と規模に対して、国としての役割を十分に果たせているとは言い難いことから、「防災庁設置準備室」を設置して、防災庁の設立を検討している。伊勢湾台風から始まり、災害対策基本法の改正を繰り返して、基礎自治体を中心とした公助と自助、共助の涵養による防災対策を推進してきたが、再び国を中心とする公助による災害対策へ移行していると考えられる。

今まで論じてきたように、日ごろ私たちの生活の中に自然災害の警報のように、情報が即時に伝わるための国を中心とする仕掛けがあった。その意味では、国が正確な情報をもたらすことは、情報をメッセージとして受け取った私たち自身が、その意味を判断し、避難行動を行うための自助の涵養に役に立っている。とはいえ、自然災害は被害がもたらされる被害の程度、確率など様々な要素があるため、個人が対応するにしても何が正解なのかを一つだけ考えることは困難である。そのため、国による公助を中心に自然災害に対応することも一つの案として考えることができる。また、被害をゼロに抑えられなくとも、最小限に抑える方法を考えることもできる。国を中心とする公助による支援は自助や共助との組み合わせにより、自然災害に対してレジリエンスな社会を可能にする。ゆえに、国、すなわち政治の役割は欠かせない。

参考文献

河田惠昭（一九九七）「大規模地震災害による人的被害の予測」『自然災害科学』第一六巻第一号、三一－一三頁。

気象庁（二〇二四）「南海トラフ地震臨時情報（巨大地震注意）に伴う政府としての特別な注意の呼び

かけの終了について」〈https://www.jma.go.jp/jma/press/2408/15a/202408151800.html〉（アクセス二〇二四年一一月二〇日）
国土交通省（二〇一九）「鉄道の計画運休の実施についての取りまとめ」〈https://www.mlit.go.jp/common/001296916.pdf〉（アクセス二〇二四年一一月二〇日）
総務省消防庁（二〇二三）「全国瞬時警報システム業務規程」〈https://www.fdma.go.jp/mission/protection/items/protection001_05_JALERT_gyomu_kitei_r50111.pdf〉（アクセス二〇二四年一一月二〇日）
外岡秀俊（二〇一二）『3・11 複合災害』岩波新書。
中央防災会議（二〇一三）「首都直下地震の被害想定と対策について（最終報告）」〈https://www.bousai.go.jp/jishin/syuto/taisaku_wg/pdf/syuto_wg_report.pdf〉（アクセス二〇二四年一一月二〇日）
内閣府（二〇一六）「物資支援に関する補足資料」〈https://www.bousai.go.jp/updates/h280414jishin/h28kumamoto/pdf/h281114shiryo01_1.pdf〉（アクセス二〇二四年一一月二〇日）
内閣府（二〇一六）『避難所運営ガイドライン』〈https://www.bousai.go.jp/taisaku/hinanjo/pdf/1604hinanjo_guideline.pdf〉（アクセス二〇二四年一一月二〇日）
内閣府（二〇二一）「避難情報に関するガイドライン」〈https://www.bousai.go.jp/oukyu/hinanjouhou/r3_hinanjouhou_guideline/pdf/hinan_guideline.pdf〉（アクセス二〇二四年一一月二〇日）
室崎益輝（二〇一三）「東日本大震災から見えてきた「減災行政」の課題」『年報行政研究』第四八巻、三九－五七頁。

第7章　貧困をどうする？

貧困は誰のせい？

国連が二〇一五年に採択した「持続可能な開発目標」（ＳＤＧｓ）の目標一は、「あらゆる場所で、あらゆる形態の貧困に終止符を打つ」である。「あらゆる場所で」という文言にあるように、貧困は発展途上国だけで起きているものではない。実際、先進国であるはずの日本国内でも、貧困が話題になることが増えている。貧困は、現在のみならず日本の将来にまで影響を与えている。

近年は、大学生の半数が奨学金を借りている。その平均の奨学金返済額は月一万五千円で、返済期間は一五年弱であるが、卒業後、返済が苦しいと回答する人は半数に及ぶ。奨学金返済が、結婚や出産、子育てといったライフプランにまで影響を与えており、さらに日常的な食事や医療機関の受診など、健康面にまで影響が及んでいるという（労働者福祉中央協議会、二〇二三)。たしかに、大卒の初任給の平均給与が二四万円程度であり、税金や社会保険費が引かれて、手取りが約一七万円とすると、物価の上昇と合わせて負担感は大きい。一人暮らしで家賃の自己負担が必要な場合、生活はさらに苦しくなる。何らかの事情で安定した職から離れる場合、大卒でも貧困に陥る危険性がある。

では、そのような貧困(のリスク)は誰のせいであろうか。本人の自業自得であろうか、あるいは社会が悪いのであろうか、それとも対処できない政治が悪いのであろうか。

「貧困」とは何か

貧困といっても、それがどのような状態を指すかをめぐってはさまざまな議論がある。貧困の意味自体が政治によって決められ、政策に反映される(リスター、二〇二三)。実際、先進国と途上国では「貧困」が意味する状況が異なっている。先進国では、貧困といってもたいてい飢え死には至らないが、途上国ではありうる。そのような貧困状況の違いを表すために、「絶対的貧困」と「相対的貧困」という二つの概念がよく使われる。

絶対的貧困では、国が違っても貧困は同じ状態を意味することになる。「極度の貧困」とも呼ばれ、低所得であり、食料、安全な飲み水、衛生設備、健康、住居、教育、情報といった人間の基本的必要が著しく奪われている状態である。

具体的にはどう測るのであろうか。絶対的貧困の基準としてよく用いられるのが、一日あたりの一定の所得を国際的な「貧困線」とする世界銀行の基準である。所得は米ドルを基準とするが、各国の物価水準の違いを考慮して調整した購買力平価（ＰＰＰ）で測定される。世界銀行は一九八五年以来、一日一米ドル程度を貧困線としてきたが、物価の上昇を考慮して段階的に引き上げられ、二〇二二年には二・一五米ドルが国際貧困線となった。それ以下の所得水準で生活する人びとが、極度の貧困にあるということになる。

他方、国連開発計画（ＵＮＤＰ）が毎年公表している人間開発指数（ＨＤＩ）は、所得だけでは測ることのできない、人びとが置かれた状態を測定する。ＨＤＩは、①長寿と健康な生活、②知識、③尊厳ある生活水準の三つの次元について、それぞれ①出生時の期待寿命、②成人の識字率および就学率、③一人あたりの国内総生産を測定し、総合して各国をランク付けする。日本は、二〇二二年度のＨＤＩで一九三か国中の二四位で、二〇一四年度の一八七か国・地域中一七位から低下している。このＨＤＩは、算出方法は時々変更されるものの、貧困を多面的に捉え、その改善と悪化を時間軸でとらえようとしたものであるといえる。

いずれの基準でも、一人当たりの年間GDP（＝収入）が三万米ドル（約四五〇万円）を超え、高い教育水準と医療水準を有する日本には「貧困」は存在しないことになる。

それに対して、「相対的貧困」とは、国が違えば貧困は違うものを意味すると考える。貧困はそれが発生する社会的文脈のもとで理解されなければならない。その場合の貧困とは、その社会の構成員として「あたりまえの生活」をいとなむのに必要な水準を欠くことを意味する。別の言い方をすると、社会として容認できない生活水準である。

具体的な相対的貧困の基準として、基本的に先進国のみが加盟する経済協力開発機構（OECD）は、収入から税や社会保険料を差し引き、年金やそのほかの社会保障給付を加えた額を手取りの世帯収入として、（世帯人数で調整したうえで）その中央値の五〇％の収入を貧困基準としている。この相対的貧困で見た場合、発展途上国のみならず、日本のような先進国でも貧困は存在することになる。ただし、何が「健康で文化的な最低限度の生活」（日本国憲法第二五条）に必要であるのかは、時代とともに変わる。二〇二〇年のコロナ禍では、自宅にパソコンとインターネット環境をもたない子どもたちが、学校休業でリモート中心となった教育で大きなハンデを背負うこととなった。また、生活保護の受給者が冷房を購入することが「贅沢」かどうかが論争になったように、何が「生活必需品」

かの判断は多分に政治的である。

また、経済格差や不平等は必ずしも貧困と同じではない。しかし、実際は、ジニ係数（後述）などで測られる経済格差が大きい国ほど、貧困の度合いは高くなっている。

世界の貧困

今の世界では貧困は依然として深刻である。グローバル化に加えて、コロナ禍における観光産業などで失業者が増えた。加えて、二〇二二年二月に始まるロシア・ウクライナ戦争で原油や天然ガスなどエネルギー価格や食料価格が上昇し、世界的に貧困が悪化した。

現在の世界では、先進国と発展途上国の間の経済格差である「南北問題」は根強く、途上国では「極度の貧困」がいまだに蔓延している。極度の貧困について、貧困線である一日二・一五米ドル未満で暮らす人びとは、二〇二二年で約七億一二〇〇万人、世界の人口比で約九％と推計される。極度の貧困は、二〇二〇年まで減少傾向にあったものの、コロナ禍の経済的打撃で、世界の人口に占める割合は二〇一九年の八・九％から二〇二〇年には九・七％に一時増加した。中国やインドの経済成長で減少が続いていたが、数十年ぶりの世界的な貧困の増加であった（World Bank, 2024）。また、世界食糧計画（ＷＦＰ）によると、二〇二三年には最大で七億五七〇〇万人が飢餓に直面したとされる（世界食糧計画、二〇二四）。

コロナ禍の影響は子どもの貧困にも表れている。二〇二三年に国連児童基金（ＵＮＩＣＥＦ）と世界銀行が発表した「国際貧困線でみる子どもの貧困の世界的動向」によると、二〇一三年から二〇二二年の間に、極度の貧困状態にある子どもの数は、三億八三〇〇万人から三億三三〇〇万人に一三％減少した。しかし、新型コロナウイルス感染症の経済的影響で、過去三年分の進展が失われ、子どもの貧困の削減は予測より三千万人少なかった（国連児童基金、二〇二三）。

極度の貧困が今後どの程度減少するかについて、見通しは暗い。国連が作成した「持続可能な開発目標（ＳＤＧｓ）報告書二〇二四」では、今の傾向が続けば、二〇三〇年の段階でも五億九千万人が極度の貧困下で暮らすことが予測されている（United Nations, 2024）。

日本の貧困

先進国である日本でも、相対的貧困の視点から見ると、貧困はいぜん深刻である。厚生労働省による二〇二二年の「国民生活基礎調査」では、二〇二一年の貧困線は一二七万円となっており、相対的貧困率は一五・四％で二〇一八年から〇・三ポイントの減少に過ぎない（厚生労働省、二〇二三a）。なお、この貧困率は、先述のOECDの作成基準に基づいて算出しており、等価可処分所得の中央値の半分の額である貧困線に満たない世帯員の割合をいう。二〇一〇年代に入る頃、日本でも貧困が社会問題になったものの、貧困率の大きな減少は見られない。経済協力開発機構（OECD）によると、アメリカは二〇二一年に一五・一％、イギリスは二〇二〇年に一一・二％であり、日本は先進国の中で下位に位置する（OECD）。

少子化が進む一方で、子どもの貧困が根強く残る。右と同じ厚生労働省の調査で、一七歳以下の「子どもの貧困率」は、一一・五％となっていて、二〇一八年に比べて二・五ポイント減少している。世帯主が一八歳以上六五歳未満の「子どもがいる現役世帯」についてみると、全体では貧困率は一〇・六％（対二〇一八年から二・五ポイント減少）となっている。しかし、そのうち「大人が一人」の世帯員では四四・五％（同三・八ポイント減少）、「大人が二人以上」の世帯員では八・六％（同二・六ポイント減少）となっており、親が単身の家庭の貧困がいぜん深刻であることが見て取れる。日本の場合は、単身の親が女性であることが多く、いわゆる「シングルマザー」の家庭とその子どもの貧困が裏付けられている。

子ども一人を大学まで育て上げるのに、すべて公立の学校に通わせても最低二千万円必要であるといわれる。しかし、国税庁の「令和四年分民間給与実態統計調査」では、日本人の給与所得は二〇二二年で四五八万円（前年より二・七％増）、正社員（正職員）だと五二三万円であるが、バブル崩壊後の一九九〇年代初頭から長期間伸び悩んでおり「失われた三〇年」ともいわれる。そのため結婚して子どもをもつと、統計的な意味での貧困にはカウントされなくても、生活の実感としては苦しさを感じるような家庭は多くなる。

他方で、貧富の格差は広がっている。厚生労働省の二〇二一年の調査では、格差が大きいほど〇から一の間で数値が高くなる「ジニ係数」が、税や社会保障による所得再分配前の当初所得で〇・五七〇〇となり、二〇一七年の前回調査（〇・五五九四）から上昇し、過去最高だった二〇一四年の調査（〇・五七〇四）に次ぐ水準となった（厚生労働省、二〇二三b）。育休・産休制度の拡充で正社員の共働きが増え、都心の一億円を超えるタワーマンションを買うことができる「パワーカップル」が現れる一方、経済的理由で結婚すら諦める人も多くなり、日本の少子化を加速させている。しかも、日本では男女間で賃金格差が残る。二〇二一年の男性一般労働者の給与水準を一〇〇としたときの女性一般労働者の給与水準は七五・二である（内閣府男女共同参画局）。

そもそも日本全体の「衰退」が国民を貧困に陥りやすくさせている。ニューヨークではラーメンが一杯三〇〇〇円することや、日本の観光地である北海道ニセコでも外国人相手の飲食店ではラーメンの価格が同水準まで高騰していることが、日本の経済成長が停滞した「失われた三〇年」の結果として最近話題になった。

イギリスの経済専門誌『エコノミスト』が年二回公表している経済指標に「ビッグマック指数」がある。それは、グローバルに調達されるため国ごとに原料価格に大きな差が生じないマクドナルドのビッグマックを基準とする指標で、国別の販売価格はその国民の購買力や経済水準を示している。二〇二四年七月に公表した同指数では、ビッグマックの単価が四八〇円の日本は五四か国中で四四位であった。他方、一位のスイスは日本円で一二〇〇円を超え、アメリカは七位で五・六九米ドル（約八六〇円）である。端的に言えば、日本の生活水準（および円の価値）はアメリカの四三・九％しかないということになる。しかも、二〇一〇年代前半までは同水準だったのが、その後大幅に下がっている（The Economist, 2024）。

しかも、コロナ禍明け以降のインフレ傾向は生活苦を加速させている。二〇二〇年を一〇〇とすると二〇二四年九月分の総務省の消費者物価指数は一〇八・九であり、一割弱上昇している。ただし、私たちが日常に利用するスーパーマーケットやコンビニエンスストアで買う商品の販売価格の上昇は、それ以上に感じられよう。食費がかさむために、小中学生のいる困窮家庭の六割が、給食のない長期休暇の廃止・短縮を求めている（『日本経済新聞』二〇二四年六月二四日）。ひとり親の家庭の三四％では、夏休み中の食事が一日二食以下になっている（『日本経済新聞』二〇二四年八月三日）。そのため、認定ＮＰＯ法人むすびえによると、子どもが一人でも行ける無料または低額の食堂「子ども食堂」は、二〇二一年の六〇一四か所（子どもの利用者数のべ七一四万人）から二〇二三年の九一三二か所（同一〇九一万人）へ急増している（認定ＮＰＯ法人むすびえ）。

大学生になっても奨学金を借りざるを得ず、他国に比べて新卒の就職率は恵まれているとはいえ、就職後も奨学金の返済が、税金や社会保険料と合わせて重くのしかかる。そのために、少子高齢化で外国人労働者を増やそうとする一方、時給で日本の倍以上になるオーストラリアなど海外へ出稼ぎに行く若者が増えている（ＮＨＫ「クローズアップ現代」取材班、二〇二四）。このように、今の日本では、女性、高齢者、氷河期世代、若者、子どもを中心に、貧困の現実に直面し、将来の貧困の可能性におびえて暮らしている人が多くいる。

貧困解消へ向けた政治

以上の世界と日本の貧困は、ＳＤＧｓにあるさまざまな国際的な問題とつながっており、その「原因」であると同時に「結果」でもある。たとえば、家庭が貧困だと、男子よりも女子が教育を十分受けられないことが多く、教育水準が低いために現金収入が少なく、さらにジェンダーの不平等が強まってしまう。環境破壊や紛争などの問題も同様である。長年、貧困は放置できない国内外の重要な政治課題であり、ＳＤＧｓの目標一にあるように、あらゆる形態の貧困の撲滅は重要な国際的な課題である。また、同目標一〇「人や国の不平等をなくそう」にあるように、国内レベルと国際レベルの両方で不平等が削減されない限り、貧困に効果的に取り組むことはできない（リスター、二〇二三、一〇一‐一〇二頁）。

では、このような貧困はどうすれば解消できるのであろうか。貧困の原因と解決については、多様な主張があり、どのような原因を想定してどのような処方箋を提供するのか自体が政治の課題である。平等のあり方と合わせて考えると、貧困の解消の方法について、大きく二つの方向性に分けることができる。それぞれ貧困の原因と解決策を示している。一つは、いわば「機会の平等」重視の方向性である。もう一つは、「結果の平等」重視の方向性である。それぞれ国際レベルと国内レベルでの貧困や格差の問題について、示される原因と対処方法（＝政策）が異なる。

「機会の平等」重視の方向性は、経済活動を市場の自由競争に任せることで、経済全体が活発化して経済発展が進み、生み出された富が社会全体に次第に行き渡ることで、結果的に貧困が解消するという考え方である。市場原理を歪める政府の介入や規制は極力縮小され、「小さな政府」が志向されることが好ましい。競争に敗れて貧困に陥った「負け組」に対しては、再教育を施して競争への「再チャレンジ」の機会を与えるべきであり、生活保護など手厚い社会保障は、それへの依存を強めさせ、本人の意欲をむしろ削ぎかねない。

もう一つの「結果の平等」重視の方向性では、貧困の原因は、すべて本人の責任に帰せられるものではなく、むしろ資本主義の構造的な要因にあるとする。そのため自由競争を放置すると貧富の格差が広がってしまい、貧困は解消されない。むしろ累進課税や社会保障など所得の再分配を通じて「結果の平等」を追求することが、貧困対策として有効であり、そこでは「大きな政府」による介入や規制が求められる。

以上の貧困解消のための政策の二つの方向性の間で、第二次世界大戦後の世界の歴史は揺れつづけてきた。まず、一九四〇年代後半から五〇年代にかけて、日本を含めた西側先進諸国では戦後復興が進み、前述の「結果の平等」を志向する貧困解消として福祉国家づくりが進んだ。しかし、一九七〇年代の二度のオイルショックと高齢化の進展、財政赤字の膨張によって、福祉国家は行き詰まりを見せた。それを受けて一九八〇年代には、アメリカのレーガン政権やイギリスのサッチャー政権の下で、「機会の平等」を重視する、いわゆる「新自由主義（ネオリベラリズム）」の考え方が広がり、規制の縮小や国有企業の民営化といった政策が実施されていった。日本でも、中曽根政権下で国鉄などの民営化が決定されるなど、規制緩和と民営化が追求された。

他方で、中南米諸国や植民地から独立したアジアやアフリカ諸国では、国内では「極度の貧困」が深刻であり、戦後復興と高度成長が進む先進国との経済格差が広がっていった。一九六〇年代以降は、「南北問題」として国連などで国際問題となっていく。その原因として国際的な資本主義の経済構造に問題があるとされ、「結果の平等」を求めて開発援助の強化が要請され、先述の国連開発計画（ＵＮＤＰ）が一九六六年に設立されるなどした。しかし、いくら先進国や国際機関が援助を行っても、多くの途上国で経済発展が進まず貧困が解消しなかった。そのため、一九八〇年代になると、先述の新自由主義の思想の影響を受けて、政府の無駄な規制や介入、政治家や役人の腐敗、行政の非効率性といった途上国自体の問題が指摘されるようになり、「機会の平等」に基づいて「小さな政府」を志向する「構造調整」が先進諸国や世界銀行、国際通貨基金（ＩＭＦ）などの国際援助機関によって途上国政府に求められていく。

しかし、新自由主義的な発想に基づく構造調整政策は、政府の食糧への補助金を減らすなどして、途上国では極度の貧困の解消には必ずしもつながらなかった。一九八〇年代後半以降、世界的な経済の自由化で経済のグローバル化が加速し、輸出志向の工業化に成功した中国などアジア諸国では、経済発展が進み極度の貧困解消が進んだ。しかし同時に、国内の経済格差が広がった。また、アフリカ諸国などでは紛争と合わさって、貧困がむしろ悪化した。

そこで、一九九〇年代後半には、政府の能力を意味する「ガバナンス」の改善と並行して、途上国の貧困自体を直接ターゲットにしてその解消を図るべきという考えが、開発援助関係者の間で強まっていく。国連では二〇〇一年に「ミレニアム開発目標」（ＭＤＧｓ）が採用され、二〇一五年までの極度の貧困の半減が国際目標となった。達成のために、とくにアフリカを対象にした先進国の政府開発援助（ＯＤＡ）の増額が図られ、貧困撲滅を対象とした草の根開発や、不平等な貿易構造自体を変えようとするフェアトレードの試みがＮＧＯによって実践されていく。極度の貧困の半減という目標は、人口の多い中国やインドの経済発展で達成されたが、アフリカを中心に多くの途上国では極度の貧困は深刻なままである。

先進国では、先述のように一九八〇年代以降、「小さな政府」が志向された。たしかに、規制緩和によって、アメリカでＩＣＴ産業が盛んになるなど、新しい産業の発達と経済構造の変化が見られた。バブル経済がはじけ経済の停滞に陥った日本でも、二〇〇〇年代の小泉政権以降、グローバル化の圧力にさらされる大企業の要求に応える形で、非正規雇用の要件緩和など規制緩和が進み、新自由主義的な政策が実施されていく。しかし、いずれの先進国でも、経済格差が広がり相対的な貧困が拡大した。そのため、二〇〇八年の世界金融危機以降、「結果の平等」を望んで、新自由主義的な政策の転換を求める声も強まっていった。アメリカでは、「ウォールストリートを占拠せよ」や「我々は九九％だ」などをスローガンに、富裕層への課税と再分配を求める社会運動が若者を中心に活発化し、現在まで続いている。

日本では、二〇一二年にはじまる第二次安倍政権の「アベノミクス」によって、企業の収益は回復し、長らく落ち込んでいた若者の就職率も改善した。しかし、経済の構造改革は掛け声倒れに終わり、経済は低成長のままであり、しかしインフレで実質賃金が減り、先述のように相対的貧困が根強く残る状態である（野口、二〇二三）。子どもやシングルマザーの貧困、就職氷河期世代の苦境への注目が高まり、日本の将来への不安を若者が抱えるなかで、より「結果の平等」を志向した政策を求める声も強まっている。貧困をどう解消するかは、選挙のたびに大きな争点となっている。

そして、冒頭で触れたように、途上国を中心に根強い極度の貧困と、先進国で（さらには新興国でも）広がる相対的貧困の両方を含めて、今なお貧困はＳＤＧｓで最初に掲げられるような国際的な政策課題となっている。

私たちの選択

貧困の解消については、「機会の平等」を重視するか、「結果の平等」を重視するかで、取り組まれる政策が異なってくる。しかし、その選択は揺れてきた。両者の間の選択は、二〇二四年一〇月の日本の衆議院議員選挙や一一月のアメリカの大統領選挙をはじめ、各国の選挙の争点となっている。日本では、長らく所得再分配を通した「結果の平等」を重視した貧困対策の政策が行われてきたが、次第に、貧困の当事者に責任を負わせる、「機会の平等」に沿った政策を国民が要求する傾向が強まっている。生活保護に対する批判の高まりはその風潮を反映している。

しかし、これまでの貧困問題と異なるのは、背景に日本の少子高齢化があり、人類の歴史上、類を見ないものである点である。かつてのような貧困層に対する手厚い福祉政策がもはや不可能で、税金や社会保険料の負担か福祉の削減かという「不利益の配分」の政治が避けられない。しかもそれは、とくに若者にとって、貧困に陥るかもしれないという未来への「不安」が関わっている。ただ、貧困を解消するための選択肢がなくなったわけではない。貧困問題を直視して新たな選択肢を生み出すこと自体、政治の課題である。それは、私たち自身の課題であると同時に、日本と同様に少子高齢化が予測される世界全体の政治の課題である。

参考文献

ＮＨＫ「クローズアップ現代」取材班（二〇二四）『ルポ海外出稼ぎ』大和書房。
厚生労働省（二〇二三ａ）「二〇二二（令和四）年国民生活基礎調査の概況」〈https://www.mhlw.go.jp/toukei/saikin/hw/k-tyosa/k-tyosa22/index.html〉。
厚生労働省（二〇二三ｂ）「令和三年所得再分配調査の結果」〈https://www.mhlw.go.jp/stf/houdou/96-1_r03kekka.html〉。

国連児童基金（ＵＮＩＣＥＦ）（二〇二三）「ユニセフ・世界銀行 新たな推計公表 世界の子どもの六人に一人が極度の貧困ＳＤＧｓ達成は困難か 国連総会を前に警鐘」〈https://www.unicef.or.jp/news/2023/0152.html〉。

世界食糧計画（ＷＦＰ）（二〇二四）「世界の飢餓人口、三年連続で高止まり――国連報告書」〈https://ja.wfp.org/news/SOFI2024_report〉。

内閣府男女共同参画局「男女共同参画に関するデータ集 男女間賃金格差（我が国の現状）」〈https://www.gender.go.jp/research/weekly_data/07.html〉。

認定ＮＰＯ法人むすびえ「こども食堂について」〈https://musubie.org/kodomosyokudo/〉。

野口悠紀雄（二〇二三）『プア・ジャパン――気がつけば「貧困大国」』朝日新聞出版。

リスター、ルース／松本伊智朗監訳（二〇二三）『新版 貧困とはなにか――概念・言説・ポリティクス』明石書店。

労働者福祉中央協議会（二〇二三）「奨学金や教育費負担に関するアンケート報告書（二〇二二年九月調査）」二〇二三年九月。

OECD, "Poverty rate," 〈https://www.oecd.org/en/data/indicators/poverty-rate.html〉

The Economist (2024) "Our Big Mac index shows how burger prices differ across borders," 〈https://www.economist.com/big-mac-index〉.

United Nations (2024) *The Sustainable Development Goals Report 2024*, United Nations.

World Bank (2024) "September 2024 global poverty update from the World Bank: revised estimates up to 2024," 〈https://blogs.worldbank.org/en/opendata/september-2024-global-poverty-update-from-the-world-bank--revise〉.

第8章

現代日本のクスリ事情

流行りの移り変わり

「ドラッグ（Drug）」を辞書で引くと、先頭には「薬、薬剤、薬品」と記載されているが、日本社会ではしばしば違法薬物を意味する言葉として使用される。「ドラッグ」の文字を見て、悪いもの、良くないものという印象をもつ人や、覚醒剤、大麻、ＬＳＤなどといった具体的な名称を思い浮かべる人もいるだろう。「ドラッグ（違法薬物）」の所持や使用は世界各国で厳しく制限されており、日本でも麻薬特例法や麻薬及び向精神薬取締法などといった法律によって取り締まりがなされている。

それにもかかわらず、ドラッグによる事件は後を絶たない。会社員、公務員、学生・生徒など、あらゆる年齢や立場の人がドラッグに関連する事件で検挙されている。俳優、アーティスト、アスリート、アイドルといった著名人が逮捕されたり検挙されたりする事

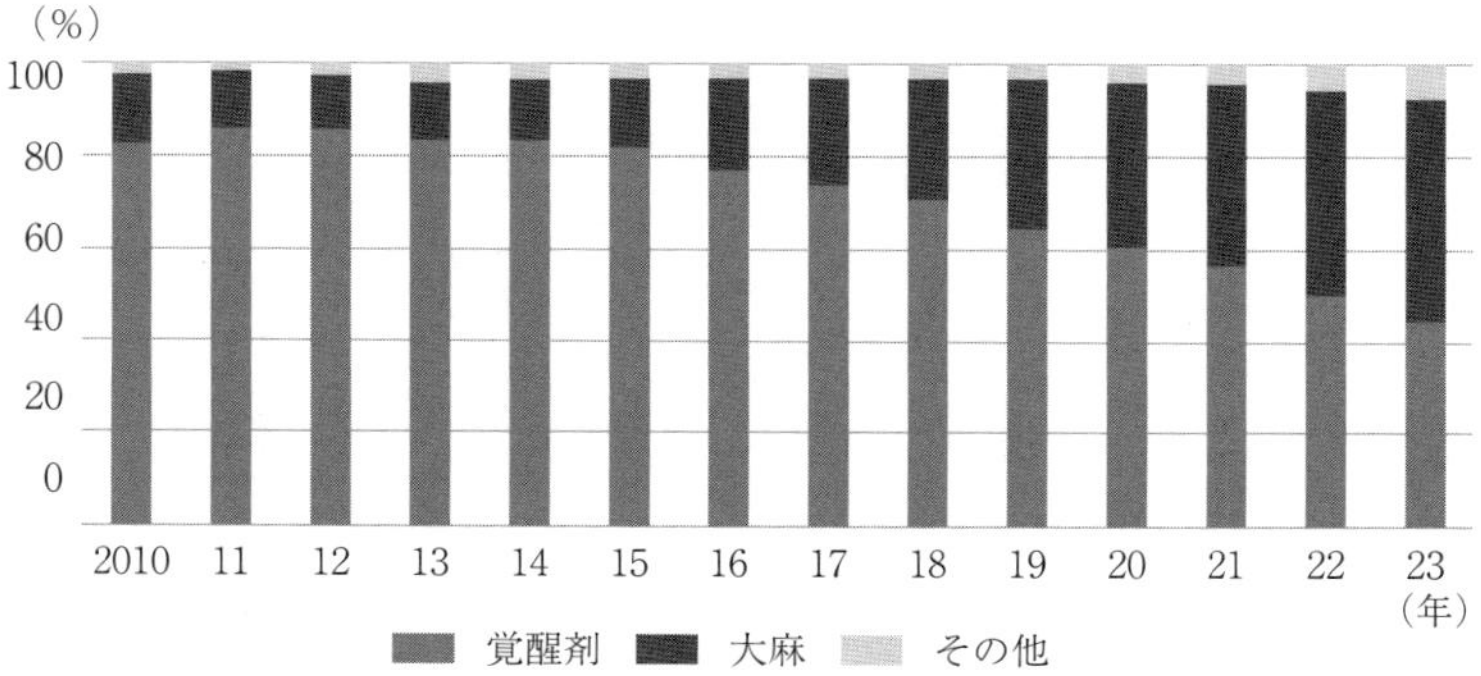

出所：警察庁「令和５年 組織犯罪の情勢」をもとに筆者作成。

図 8-1　日本における薬物事犯の割合

案は、世間の耳目を集めるとともに、多かれ少なかれ人びとの記憶に残るものとなる。近年では、ＳＮＳがドラッグの入手を容易にしたり、動画サイトの作品がドラッグに対する危機意識を緩めたりすることにつながっているという側面もみられる。

警察庁が公表した「令和五年における組織犯罪の情勢」によると、薬物事犯の検挙数は、二〇一九年（令和元年）以降の期間において約二万件程度で推移しており、増加してはいないが減少もしていない。日本の薬物事犯において、検挙数という量的な側面に大きな変化はみられない。それに対し、質的な側面、すなわち、どのドラッグによる検挙が多いのかという点には移り変わりがみられる（図８-１）。二〇二二年まで、日本では覚醒剤が検挙数の最も多い薬物であったが、二〇二三年には、大麻事犯の検挙数が過去最高に達し（四八・六%）、覚醒剤による検挙数（四四・四%）を上回ることとなった。

大麻事犯における特徴の一つは、若者世代への広がりがみられる点にある。大麻事犯では二〇一〇年以降のほとんどの年において、二〇から二九歳の検挙者が最も多くの割合を占めており、年齢の幅を二〇歳未満から三九歳までとすると八〇%以上に達する。二〇歳未満の検挙数も増加しており、たとえば二〇二三年には高校生の検挙数が初めて二〇〇人を超えた。大学生は、高校生までと違って必ずしも一定の年齢に収まるわけではないが、二三五人が検挙されている。

これらの数字は、警察庁が公表した検挙の結果であり、国内の傾向を把握するのに重要な情報となる。同時に、検挙に至らず、明らかになっていない部分が存在するのも事実である。現時点において、検挙されていない人や、今この瞬間にも薬物に接触している人がいる。大学生の間では、特に大麻が若者世代に広がりつつあるという状況を知るまで、薬物が身近にあるという感覚はなかったという声も聞かれる。一人ひとりが何を思い、どのように感じるかはそれぞれ違いがあってかまわない。しかし、「合法」か「違法」かは一人ひとりが決定するものではなく、社会の構成員が共有するルールである。

何が麻薬か

覚醒剤にせよ大麻にせよ、あるいはＬＳＤにせよコカインにせよ、それらはいずれも日本において「ドラッグ」や「薬物」や「麻薬」と呼ばれるものであり、みだりに所持したり他人に譲渡したり、あるいは使用したりすることが禁じられている。大麻に関しては、近年、娯楽使用を認める国や地域がみられるようになったが、少なくとも日本では違法なままであるし、いわゆる合法化が進められた国においても、安全性が完全に確認されたわけではない。

外務省によると、カナダでは二〇一八年に「一八歳以上の成人による大麻（マリファナ）の所持・使用の一部が合法化され」た。同国内においては、娯楽目的で大麻を所持したり使用したりすることが認められたのであるが、あくまでも一八歳以上の所持・使用を前提としており、一八歳未満に頒布することは認められていない。また、カナダ大麻法では、年齢制限の他に栽培や所持に関する量的な制限も設けられている（佐藤、二〇二二）。ドイツでも二〇二四年四月に個人の所持や使用が認められたが、一八歳以上の成人に限られているとともに、個人の所有できる量や栽培できる株数に制限がかけられている。まったく安全だというのであれば、一切の制約が不要となるであろう。

他にも、娯楽目的で「吸える」国・地域として、しばしばオランダや米国カリフォルニア州などがとり上げられる。それらの国や地域は、法的に違法なまま、事実上、大麻の娯楽使用を容認する「非犯罪化・非罰化」の事例として位置づけられる。山本（二〇二一、六四‐六五頁）によると、「非犯罪化は法の形式的には違法であるものの、定められた状況下ではこの地域の法務当局が免除することが事実上合意されていて、摘発されないことを指」し、「非罰化は、非犯罪化と同様に法的には違法だが刑法上の処罰ではなく、軽度の行政罰として罰金刑や、個人所持に対しては起訴されないことを指す」。

日本では、二〇歳未満の飲酒および喫煙が禁じられているものの、アルコールやタバコに関して、所持量や摂取量が法的に定められているわけではない。一般的には、医学や薬理学の知見、あるいは家庭・個人の事情などをふまえたうえで、使用者が自らの意思にもとづいて所持量や摂取量を管理する。カナダやドイツにおける大麻の取り決めと日本におけるアルコール、タバコの取り決めとを単純に比較することはできないとしても、「合法化」という表現の中に濃淡が存在しうることは理解できる。

何をドラッグとし、どのように禁止するのか、何を違法行為とし、使用者とどのように向き合うのかなどの点は、それぞれの国や地域が定めた法律等の規則に左右される。しかし、「ドラッグ」とは何かという点については、社会通念的、および国際的に一定の理解が共有されている。たとえば、「麻薬」という表現には、医薬品を意味する「医療用麻薬」と違法行為につながる「不正麻薬」との二つの意味合いが存在する。厚生労働省（二〇二四）によると、「医療用麻薬の主な効能または効果は、激しい疼痛時における鎮痛、鎮静、鎮痙であり、特にその鎮痛効果により、がん患者の痛みを緩和することができ」る点にあるという。日本社会において、取り締まりの対象となっているのは「不正麻薬」である。「麻薬」という表現が「ドラッグ」や「薬物」の意味合いと重なるのは、そもそも違法なものを指すときや、適切な許可、資格をもたない者が勝手に取り扱うときである。

国際的な理解については、国家間の取り決めによって、条約として定められている。ドラッグに関し、一九一二年に「万国阿片条約（ハーグ阿片条約）」が締結され、世界で最初の国際的な枠組みが築かれた。その後、「一九六一年の麻薬に関する単一条約（単一条約）」（以下、単一条約）、「向精神薬に関する条約（向精神薬条約）」、「麻薬及び向精神薬の不正取引の防止に関する国際連合条約（麻薬新条約）」が締結され、単一条約以降の三つの条約（麻薬三条約）は「薬物の国際的な統制」と位置づけられている。単一条約では、「乱用のおそれがあり、悪影響を及ぼす物質」や「乱用のおそれがなく、悪影響を及ぼさない物質の製剤」などのように、薬物を分類するための規制カテゴリーが設けられている。何を「麻薬」とし、どのような位置づけとするのかについては、まず世界的な取り決めによって一定の理解が共有され、それらにもとづいて、国や地域ごとに具体策がつくられている。

日本の法律には、覚醒剤取締法や麻薬及び向精神薬取締法、危険ドラッグ等に対処する医薬品医療機器等法などがある。個々の薬物を取り締まるものだけでなく、複数の薬物を横断的に取り締まるものがあり、いずれの法律も何を規制の対象とするのかについて定めている。また、それらの法律は、「目的」の部分で当該の薬物がなぜ禁止されるのかという点を示している。麻薬及び向精神薬取締法は、「麻薬及び向精神薬の濫用による保健衛生上の危害を防止し、もつて公共の福祉の増進を図ることを目的と」しており、大麻草の栽培の規制に関する法律は「大麻の濫用による保健衛生上の危害を防止し、もつて公共の福祉に寄与することを目的とする」。

ドラッグの不正使用は、公共の福祉を減ずることになると考えられており、少なくとも日本社会において、上記の二つの法律は、「公共の福祉」を守るために制定されている。

ドラッグの害（harm ハーム）について、直感的に思い浮かぶのは中毒や依存ではないだろうか。いずれも、ドラッグの使用からもたらされる直接的なリスクであり、使用者の健康や安全を脅かすものとなる。

ドラッグの害はそれらにとどまらず、使用者自身に加えて、使用者の属するコミュニティ、さらには社会全体に及ぶことがある。使用者は、心身の疾患や死亡の可能性に加え、資産や家庭、仕事を失うリスクにも直面する。ドラッグを不正に使った結果、傷ついたり失ったりしてしまうものは、自身の心身だけではない。さらにいえば、自身や家族、知人が他の犯罪に巻き込まれたり、使用者が他者に危害を加えたりする可能性もある。使用者が事故を引き起こし、無関係の人びとが死傷するという悲惨な結果に至った事例も存在する。害（ハーム）が他者に及ぶことは否定されず、そのような見方からすると、ドラッグの規制は「公共の福祉」につながるものとなる。

クサかクスリか

ドラッグの害は、種類や摂取方法、使用頻度などにも左右され、個人差がある。ドラッグの使用に関し、ある人は日常生活に何ら支障がないように感じたとしても、またある人は重大な疾患を抱えることになるかもしれない。多かれ少なかれ、人びとに何らかの害をもたらすとみなされる限り、ドラッグは取り締まりの対象となる。大麻に関する規制も例外ではなく、リスクが否定されない点を重視している。厚生労働省が公表した「大麻等の薬物対策のあり方検討会とりまとめ」では、次のような見解が示された。

インターネットやSNS等の普及により違法薬物に関する様々な情報へのアクセスが容易となり、若年層が大麻を入手しやすい環境にあることや、一部の国や州における大麻の合法化について、その合法化された背景、合法化の範囲や使用に係る制限などの正確な情報が伝わっていない一方で、大麻に有害性はない、大麻は健康に良い等の誤った情報がインターネット等で氾濫していることに一因があると考えられる。

ドラッグをめぐる「利害」は個人の感想に拠るものではない。大麻が有害ではないのか、大麻が健康に良いのかなどに関する判断は、一般的に医学や薬理学などの自然科学が取り扱う範疇である。日本社会は大麻の有害性が否定されていないことに目を向けており、その立場にもとづいて規制を行っている。二〇二三年一二月には、大麻に関する取り締まりが改正され、「所持」や「譲渡」に加え、「使用」が禁止されることとなった。禁じられていなかったことが禁じられたという点で、この措置には、ともすれば国際社会に逆行する「厳罰化」と解釈できる側面がある。我が国における大麻の取り締まりは厳しくなったのであろうか。

結論を先取りすると、「厳罰化」という指摘は必ずしも適切ではないと考えられる。同改正によって禁止されたのは不正な使用であり、医療用の使用が認められたからである。医療用の使用を認めるために、不正使用を禁止する必要があったのであり、二〇二三年一二月の法改正は、「使用」を区別する措置であった。さらにいえば、同改正は、国際的な動向と足並みをそろえるための措置でもある。

二〇一九年、世界保健機関（以下、WHO）は、諮問機関である薬物依存専門家委員会（ECDD）の検討結果として、大麻に関するいくつかの勧告を国連に向けて行った。その一つに、「一九六一年麻薬単一条約のスケジュールⅣから大麻および大麻樹脂を削除すること」が盛り込まれていた。単一条約は、「それまで多岐にわたっていた薬物に関する条約を整理・統合し、単一の条約にまとめたものであり」、乱用のおそれや悪影響の程度に応じて、「スケジュール」という表現を用いた規制カテゴリーがⅠからⅣまで設けられている。

Ⅰのカテゴリーは「乱用のおそれがあり、悪影響を及ぼす物質」が対象であり、Ⅱに該当するものは「Ⅰに次いで乱用のおそれがあり、悪影響を及ぼす物質」、Ⅲは「乱用のおそれがなく、悪影響を及ぼさない物質の製剤」とされている。大麻（および大麻樹脂）が位置づけられていたのは、「Ⅰの中でも特に危険で、医療上の有用性がない物質」にあたるⅣのカテゴリーであった。

しかし、イギリスの医薬品企業が大麻から抽出されるＣＢＤを主成分とする医薬品を開発し、米国やヨーロッパの一部の国が疾患への治療薬として承認した。大麻由来の成分をもとにした医薬品の開発は、今のところ限定的であるが、今後の展開も期待されている。そのような状況において、大麻を「医療上の有用性がない物質」としつづけることは妥当ではない。国連麻薬委員会での投票の結果、大麻の規制カテゴリーが変更され、大麻および大麻樹脂がⅣから除外されることとなった。各国の投票結果は、賛成が二七か国に対し、日本を含む反対が二五か国、棄権が一か国という僅差であったが、賛成多数で可決された。

厚生労働省は、ＷＨＯ勧告を国外における薬物情勢の一つとしてとり上げ、「大麻から製造された医薬品に医療上の有用性が認められたことに基づき、条約上の大麻の規制のカテゴリーを変更する」ための対応であったと位置づけている。日本における大麻取締法の改正は、一連の世界的な動向をうけて、医療用の使用を容認するための措置であった。改正前の同法では、不正な栽培や所持、譲渡を禁止する他に、「大麻から製造された医薬品を施用し、又は施用のため交付すること」や「大麻から製造された医薬品の施用を受けること」が禁止されていた。それらの内容は、国連麻薬委員会の決定と矛盾するものであり、日本は、一国の考え方として反対票を投じながらも、国際的な枠組みに準拠する方針を採用した。

法改正の経緯は、主に三つの段階に分けることができる。まず、二〇二一年に厚生労働省医薬局監視指導・麻薬対策課が「大麻等の薬物対策のあり方検討会」を開催してとりまとめを行った。次に、同検討会での議論をもとに、厚生労働省厚生科学審議会が「大麻規制検討小委員会」を設置して、法改正への具体的な道筋をつけた。それらの内容をうけて二〇二三年に閣議決定および法案提出がなされ、同年一二月に成立することとなった。国会では、自民党と公明党の他に、立憲民主党、日本維新の会、国民民主党などが賛成し、可決・成立に至った。

法改正をめぐる議論では、れいわ新選組が修正案を提出し、同案に共産党も賛同した。両党は、一方で医療用の使用を容認することに同意し、他方で大麻が麻薬及び向精神薬取締法における「麻薬」に位置づけられるとともに、同法によって「使用」が禁止される点に反対した。れいわ新選組は、声明文中において「この法案では『使用罪』の創設がなされ、これまで罰則のなかったものが、最長懲役七年と厳罰化される。ここに重大な問題があるため、法案に反対した」としている。最終的に、れいわ新選組の修正案は棄却され、もとの案が採用された。

原案、すなわち、法改正の骨格となったのは、「大麻等の薬物対策のあり方検討会」での議論であり、三つの主な論点として、「大麻から製造された医薬品の施用規制の見直し」、「大麻草の部位規制からＴＨＣ等有害成分に着目した規制へ見直し」、「大麻の『使用』に対する罰則の導入」を挙げることができる。「大麻から製造された医薬品の施用規制の見直し」については、大麻由来の成分を医薬品として使用することの制限を撤廃するとともに、医療目的での使用と不正使用とを区別することになった。

「大麻草の部位規制からＴＨＣ等有害成分に着目した規制へ見直し」では、文言の通り、大麻の「部位」ではなく「成分」を規制する必要性が指摘された。日本において、大麻は古くから農作物として使用されており、「種子」と「成熟した茎（樹脂を除く）」は規制の対象外であった。それに対し「花穂」や「葉」などが取り締まりの対象であったが、特に不正使用に関し、「部位」ではなくTHCという成分の影響が明らかになっている。それゆえ、「部位」ではなく「成分」に着目した取り締まりが行われることになった。

当事者はだれか？

「大麻の『使用』に対する罰則の導入」について、そもそも「使用」が禁止されていなかったのは、不正使用か否かを判断することが難しいと考えられていたことに由来する。一九四八年の大麻取締法制定時において、大麻を繊維などの農作物として扱う人びとの中には、農作業中の吸引に伴う「麻酔い」という現象がみられるとされていた。大麻を使ったと思われる状況について、作業中の偶然によるものであるのか、それとも娯楽として使用した結果であるのかを明確に区別することが困難となる。しかし、厚生労働省の調査では、大麻を扱う業者の人びとに「麻酔い」が確認されなかったという。「麻酔い」が起きないとすれば、大麻を使ったと思われる状況は、基本的に、使用者の意図による可能性が強まる。「使用」を規制の対象外とする正統性が失われたとの見方にもとづき、法改正では制限が課されることになった。

「使用」をめぐり、「大麻等の薬物対策のあり方検討会」では、禁止することへの反対意見がみられた。たとえば、諸外国では、大麻を含むドラッグの使用に関して、罰則よりも回復支援を重視するようになっており、「使用」を刑罰の対象とすることは、それらの動向と逆行することになるのではないかという指摘がなされた。他にも、刑罰を課すことは使用者の社会的孤立を促進し、スティグマ（偏見）を助長することにつながりかねないとの懸念が示された。

社会の側においても、大麻の使用を罪に問うことに反対する意見が表明された。「大麻使用罪創設に反対する依存症関連団体・支援者ネットワーク」は、「嗜好品としての大麻の合法化を求めているわけではありません」としたうえで、「使用」を禁止することに反対する声明を公表した。同声明では、「世界の薬物対策は、懲罰から『人権に基づく公衆衛生アプローチ』に転換」している点や、「薬物使用者＝犯罪者というレッテル貼りが、社会的排除と健康被害を拡大している」点などが理由として挙げられている。

大麻を含むドラッグに関し、「使用」がいかに重大な出来事であろうと、使用者がドラッグを通じて心身に疾患を抱えたならば「患者」であり、回復に向けた処置が必要となる。日常生活や社会状況がドラッグと無縁でいられない環境をもたらしたとすれば、なぜドラッグを使用するに至ったのか、使用者の背景や動機に注目することが求められる。具体的な対応については国ごとに違いがみられるものの、諸外国では、「使用」の事実に目を向けることの他に、ドラッグのハームをいかに低減するのかという見方からの対応がなされている。そのような考え方を「ハームリダクション」という（山本、二〇二一）。

ハームリダクションの考え方では、使用者を罪に問うことよりも、いかに問題のある使用に向かわせないかということを重視する。加えて、使用者が社会および自身の属するコミュニティの一員であることに注目し、社会をドラッグ使用の「予防」や「回復」の担い手として位置づける。ドラッグの害（ハーム）には、自身が被るものの他に他者が被るものもある。その意味において、社会やコミュニティは、一方でドラッグ使用の被害を受ける側でありながら、ハームリダクションの考え方に依拠すると、他方で使用を防止したり使用者の回復に力を注いだりする存在となる。疾患の回復や、ドラッグ使用の背景について考えるには、使用者自身の取り組みだけでなく、周囲の支援や理解が必要となる。

日本において、ドラッグを規制する法律は、「予防」や「回復」を前提としていない。ハームリダクションの考え方が広がりをみせているとしても、現行法は、必ずしもそれらを反映したものではない。そのうえで、改正後の状況について目を向けると異なる見方が可能となる。今後、日本の薬物事犯には、刑法の枠組みの中で改善更生を図るために必要な指導が行われる可能性がある。二〇二五年六月一日をもって、改正刑法が施行され、同日以降に起きた事件や事故については、懲役刑ではなく拘禁刑が科されるからである。刑法の改正により、日本では、懲役刑と禁固刑が廃止され、新たに拘禁刑が適用されることとなった。

もっとも、どのような場合に「必要な作業を行わせ」たり「必要な指導を行」ったりするのかについては、同法が運用されていく中で定まっていくものであると考えられる。また、二〇二五年六月以降も、薬物事犯は依然として刑事罰の対象であり、犯罪者の烙印が押されかねないという点でスティグマが払拭されたわけではない。しかし、間接的ではあるが、ハームリダクションの考え方がさらに浸透する糸口となるかもしれない。

何を罪として、どのような罰を科すのか、あるいは科さないのか。一人ひとりの名前や顔が違うように、一人ひとりの意見や価値観は異なる。社会における決定は、正解の(で)ない問題に一つの回答を導き出す営みである。ドラッグとのかかわりに関しては、罪と罰以外にも目を向けるべき論点がある。当事者は使用者だけではない。同じ社会に属する人びとは、同じルールのもとで日常生活を送っているのであり、様々な出来事をどのように受け止め、どのように受け入れるのかについて考える必要がある。

　ある人が病気を患い、大麻の成分が症状の軽減や回復に効果的であるという情報を見聞きしたとき、病を克服するために大麻を使用したいと思うかもしれない。そのために、自ら大麻を入手して使用を試みると、それは不正使用とみなされる。医療目的での使用には、資格を有する人が法的に認められた手続きをとらなければならない。娯楽目的であれ医療目的であれ、ルールを破った人は何らかの処分を受けることになる。

　人びとは、それらのルールについて考え、見直しを要求したり、支持・不支持を表明したりすることができる。「今」の在り方を絶対的なものとせず、その時々の状況に応じて、改めていくことができる。社会の構成員として、自らも当事者の一人であるという意識を持つことから始められるのではないだろうか。

参考文献

外務省「外務省　海外安全ホームページ」〈http://www.anzen.mofa.go.jp/m/mbconsideration_222.html〉。

警察庁（二〇二三）「令和五年　組織犯罪の情勢」。

厚生労働省医薬食品局監視指導・麻薬対策課（二〇一四）「医療用麻薬適正使用ガイダンス——がんの痛みの治療における医療用麻薬の使用と管理のガイダンス」〈https://www.mhlw.go.jp/content/11120000/001245820.pdf〉。

厚生労働省（二〇二一）「大麻等の薬物対策のあり方検討会とりまとめ」〈https://www.mhlw.go.jp/cont

ent/11121000/000796820.pdf〉。

厚生労働省厚生科学審議会医薬品医療機器制度部会第一回大麻規制検討小委員会（二〇二二）「大麻取締法等の施行状況と課題について」〈https://www.mhlw.go.jp/content/11120000/000941499.pdf〉。

佐藤信行（二〇二二）「カナダにおける大麻『合法化』」『法学新報』第一二八巻第一〇号、三二三－三五一頁。

大麻使用罪創設に反対する依存症関連団体・支援者ネットワーク（二〇二一）「声明 私たちは大麻使用罪の創設に反対します！」〈https://izonsho-shien.net/〉。

法務省（二〇二〇）「令和二年版 犯罪白書」〈https://hakusyo1.moj.go.jp/jp/67/nfm/n67_2_7_7_2_1.html〉。

山本奈生（二〇二一）『大麻の社会学』青弓社。

れいわ新選組（二〇二三）「大麻取締法等改正案に反対する理由」〈https://reiwa-shinsengumi.com/comment/19391/〉。

WHO（2019）'Cannabis recommendations'〈https://cdn.who.int/media/docs/default-source/controlled-substances/unsg-letter-ecdd41-recommendations-cannabis-24jan19.pdf?sfvrsn=6070292c_2&download=true〉.

第9章　ハラスメントの境界線をどこに引くか

ハラスメント社会

現在、私たちの生活のまわりには様々なハラスメントを指す言葉が溢れている。「バイト先のカスハラがひどくてさぁ」「今日の先生のあの言葉ってアカハラじゃん」「就活であんなこと言われるなんてセクハラだよね」。

二〇二三年度の都道府県労働局におけるパワハラの相談件数は六万件を超えており、前年度の調査よりも二割以上増えている。二〇二四年に厚生労働省が発表した『職場のハラスメントに関する実態調査報告書』によると、過去三年間にパワハラを受けたことがあると回答した者は一九・三%であり、パワハラを受けた後の行動としては「何もしなかった」が最も多かった（三六・九%）。また、就活やインターンシップを経験した二〇二〇－二二年度卒業の男女のうち、インターンシップ中にセクハラを受けたと答えた人は三〇・一%

であった。

選挙中の女性候補者や政治家に対するハラスメントもたびたび報道されている（三浦、二〇二三、一五四頁）。内閣府男女共同参画局による二〇二一年の『女性の政治参画への障壁等に関する調査研究報告書』において、議員活動や選挙運動の際にハラスメントを経験した地方女性議員の割合は五七・六％であった。ハラスメントを行った者の中には同僚議員のほかに有権者や支援者も含まれており、立候補を断念した人の約二割（女性の二三・五％、男性の一七・八％）が「性別による差別やセクシャルハラスメント」をその理由として挙げている。

ハラスメントは私たちの生活の様々な場面に存在しており、程度の差こそあれ多くの人がハラスメントを気にかけながら日々の生活を送っている。なぜこれほどまでに「ハラスメント」という言葉が様々な場面で聞かれるようになったのだろうか。その答えは、「ハラスメント」が社会問題として認識されるに至った過程に注目することによって明らかになる。

日本においてハラスメントに目が向けられるようになったきっかけはセクハラの告発であった。四〇年ほど前までの日本には「セクハラ」という言葉は存在しなかった。セクハラという言葉がなかったことは、決して日本にセクハラ行為が存在していなかったことを意味するわけではない。セクハラが告発されたことによって、それまで単なる普通の行為とみなされていたものが不法行為として認識されるようになったのである。

ただし、「セクハラ」という言葉はすんなりと社会に受けいれられたわけではなかった。いま当たり前だと思っている風景は自然とできあがったものではなく、様々な環境下で虐げられた人びとが声をあげることによって作り出されたものである。セクハラが社会問題の一つとして認識された過程には、虐げられてきた人びとの政治的な闘争が存在している。セクハラの問題を考えることは、ハラスメントが社会問題としていかに認識されるようになったのか、その過程を考えるヒントを与える。

どこからが「不適切」か

そもそもセクハラとはどのような行為を意味するのか。厚生労働省が発行しているパンフレットでは、セクハラが「職場」で行われる「性的な言動」であることが強調されている（厚生労働省、二〇一三）。例えば、職場において嫌がっている女性に性的な冗談を言ったり、必要なく相手の身体を触ったりした場合にはセクハラを行ったことになる。しかし、職場で起きているセクハラの大半は普段のコミュニケーションの一部から生じるものであり、露骨なわいせつ行為が行われることはほとんどない。ある人が尊厳を傷つけられたとしても、他の人からはそうは見えず、セクハラをした本人がそのことに気づいていない可能性もある。セクハラは決して特別な誰かが行う行為ではなく、普通の人がふとした瞬間にとってしまった行為でもある。

セクハラ行為は主に「対価型セクハラ」と「環境型セクハラ」に分かれる（伊藤、二〇二一、八二－八三頁）。「対価型セクハラ」としては、性的な関係をもつことを条件として良い成績評価等を与えることや（「代償型」）、性的な関係を拒まれた場合に職場において不利益な取り扱いをすること（「報酬型」）、優越的な立場を利用して性的な関係をせまること（「地位利用型」）などが挙げられる。

「環境型セクハラ」は特定の言動によって就業環境を悪化させることを意味する。「対価型セクハラ」は当事者間で行われた言動が問題となるが、「環境型セクハラ」の場合には不適切な言動が職場の環境に与える影響が問題となる。例えば、上司が性的な言動を繰り返すために業務に専念できないことや、同僚が取引先で自らの性的な噂話を広めた結果、仕事が手につかないことなどが挙げられる。「対価型セクハラ」はセクハラを受けた人が労働条件について不利益を受けるが、「環境型セクハラ」では受け手がセクハラ行為によって不快になった結果、労働環境に悪影響が生じる。そのため「環境型セクハラ」においてはある言動に対して受け手がどのように感じたのかが論点となる。

セクハラかどうかの境界線は、ある言動が性的なものであるかどうかだけではない。近年ではセクハラが同性間においても起きることや、性的指向をめぐるハラスメントも指摘されている。「性的であること」の意味が見直されるようになると、セクハラは加害者と被害者の力関係をめぐる問題として考えられるようになった。セクハラの原因は性的要求にあるのではなく、被害者に対する加害者の職場の権力の濫用にある（申、二〇二一、二三頁）。

セクハラ概念が登場したことによって、一方（例えば男性）がそれまで悪意もなく行っていた行為が、他方（例えば女性）にとって非常に不快であることが認識されるようになった。片方は親切な行為をしたはずなのに、他方にとっては過干渉に思われたり、説得のはずが強要と受け取られてしまったりする。セクハラが発生する場面においては、特定の言動に対して当事者たちが異なる解釈をしている。すなわち、男性のなすある行為に対して、ほとんどの男性がとっている解釈とは異なる解釈を女性はとっている可能性がある。

セクハラ概念は、被害を受けた側の主観に焦点をあてながら問題を広く訴えるための言葉である（鈴木、一九九四、一一九－一二〇頁）。

日本における「セクハラ」問題

セクハラという言葉が日本において広く認知されるようになったきっかけは一九八九年の福岡裁判である。小さな出版社に勤めていた原告は、職場の上司から性的な言動による中傷を受けており、そのことに対して苦情をいうと退職を余儀なくされた。原告は上司と会社に対して不法行為に基づく損害賠償請求を行い、その結果、裁判では直接の加害者のみならず雇用主の企業の責任も問われ、福岡裁判は日本初のセクハラ裁判として知られることとなった。当時、原告本人は被害を受けた時点においてセクハラについての知識をもっておらず、代理人を引き受けた主任弁護士も提訴のための準備を行う中でセクハラに関する認識を深めていった（牟田、二〇一六、一一三頁）。

福岡裁判以前にも日本でセクハラ問題に関する情報発信を行う存在はいた。例えば、東京の草の根の女性運動グループである「働くことと性差別を考える三多摩の会」は、米国の女性団体が一九八〇年に刊行した『性的いやがらせをやめさせるためのハンドブック

(*Stopping Sexual Harassment: A Handbook*)』を一九八八年に翻訳刊行した。セクハラの社会問題化は、米国では既に一九七〇年代のフェミニズム運動によって行われていた。運動家たちは公民権法第七編を根拠としながら、人種だけではなく性別による雇用差別を訴える訴訟を繰り返し行い、ジェンダー差別という社会問題としてのセクハラを広く訴えた。米国でのセクハラに関する情報は日本にも伝わっていたが、一部の研究者の間だけで共有されるにとどまり、セクハラに関する社会的認識がもたれるには至っていなかった。

福岡裁判がメディアで取り上げられると、社会問題としてのセクハラに注目が集まるようになった。「セクハラ」が広く認識されていく中で、これまでに性的いやがらせを受けてきた人びとは自身の経験を表す言葉を手に入れることになった。他方、「セクハラ」という言葉に対しては混乱や戸惑い、場合によっては強い反発がみられた。米国から輸入された「セクハラ」によって、昨日までは許されていたことが突如禁止されてしまったと感じた人びとが一定程度存在していた。バラエティ番組や男性週刊誌では「セクハラ」という言葉がセンセーショナルなものとして取り上げられ、セクハラ問題をからかったり揶揄したりする動きもみられた。セクハラという言葉が「正しく」理解されたかどうかは別として、結果としては多くの人びとが「セクハラ」という言葉を目にするようになり、裁判が行われた同年には「セクハラ」が新語・流行語大賞を受賞することになった。

一九九二年に福岡裁判の判決が下され原告が勝利すると、セクハラに関する裁判が次々と起こされた。一九九四年の金沢裁判では初めて判例文に「セクシュアル・ハラスメント」という言葉が用いられ、一九九三年の京都大学教授の事件では被告の地位の高さが大きな話題となった。一九九〇年代のセクハラをめぐる動きは、フェミニズム運動によるセクハラの社会問題化であり、ジェンダー差別の解消が最終的な目的であった。そのため、裁判での決着そのものが目的ではなかったが、福岡裁判以降は特に、上司や企業の責任の有無を法的にはっきりさせることにウェイトが置かれるようになった。

福岡裁判から一〇年もたたないうちにセクハラ防止のための法規定が設けられた（表9-1）。一九九七年には男女雇用機会均等法（以下、均等法）の第二一条で初めて事業主の雇用上の配慮義務（努力義務）が設けられ、労働省（当時）はセクハラ指針を制定し、現場の指導に取り組むようになった。人事院は一九九八年一一月一三日付で人事院規則一〇－一〇を発表し、管理者に対してセクハラを防止する責務を定めただけでなく、職員に対してもセクハラをしないように求めた。文部省（当時）は一九九九年三月に国立大学等を対象にセクシュアル・ハラスメント防止規定を発表し、各大学では独自にセクシュアル・ハラ

表 9-1　セクハラの法制化をめぐる動き

年	法　律	主な内容
1997	男女雇用機会均等法第 21 条	事業主の雇用上の防止配慮義務
1998	人事院規則 10-10	管理者・職員に対するセクハラ防止のための責務規定
1999	セクシュアル・ハラスメントの防止等に関する規定	国立大学等にセクシュアル・ハラスメント防止規定を発表
2006	男女雇用機会均等法第 11 条	事業主の雇用上の防止措置義務
2013	男女雇用機会均等法施工規則改正省令	同性間のセクハラ防止のための注意喚起
2019	男女雇用機会均等法第 11 条	• セクハラに関する国、事業主、労働者の責務（第 11 条の 2） • 労働者が事業主に相談したこと等を理由とする不利益取扱いの禁止（第 11 条第 2 項） • 自社の労働者が他社の労働者にセクハラを行った場合の協力対応の努力義務規定（第 11 条第 3 項）

出所：筆者作成。

スメント対策のガイドラインや対応の手続き規定などが作られた。

セクハラの法制化のスピードの速さはパワハラをめぐる法制化と比較しても明らかである。二〇一九年の職場のパワハラ防止策の義務化を求めた法改正の動きにおいて、改正法はパワハラ行為を「行ってはならない」と明記した。しかし、罰則を伴う禁止規定を設けることに対して経営者側から強い反発があった。その理由としては、どの行為が「パワハラ」でどこまでなら「仕事上の指導」なのか線引きが難しく、ふだんの上司の指導をパワハラだと訴えられかねないとの危惧が企業側にみられたからである。

セクハラへの対応が早かった理由の一つには、パワハラ防止策と比べて企業側のコストが低いことが挙げられる。賃金や福利厚生などの労働条件に関する性差別の問題と比べると、相談窓口の設置などのセクハラ防止対策にかかるコストは低いものであった（牟田、二〇一六、一一四-一一五頁）。さらに、パワハラは普段の仕事と結びつくものとして問題化されたが、セクハラは性的言動であることが強調された。性的言動は職場にふさわしくないとの認識が一般の人びとの間で広くもたれていたことから、不適切な行為を防止することは就業環境を維持するために必要な措置を意味していた。

二〇〇六年一二月には均等法の再改正が行われ、事業主に対する防止配慮義務が防止措置義務へと強化された。企業に対するガイドラインでは、相談窓口の設置や防止対策、調査の方法やハラスメントを行った者への処分、再発防止対策などの具体的な指導内容が示された。二〇一三年の均等法施行規則改正省令においては同性間のセクハラ防止のための注意喚起もなされた。

均等法において企業の使用者責任が問われるようになると、セクハラはフェミニズム運動や女性たちだけの一部の問題としてとどまるものではなくなった。セクハラは裁判で争われる問題であるだけでなく、道徳や規範の問題としても考えられるようになった。特に、男女共同参画が求められるなかで、セクハラが職場環境に悪影響を与える行為とみなされるようになると、セクハラ問題は企業が取り組むべきリスクの一つとなった。

セクハラ問題の解決を妨げるもの

セクハラ問題への注目が集まる中で政治家や官僚によるハラスメントの問題も取り上げられるようになった。代表的な例としては、二〇一八年に起きた財務省の福田淳一事務次官によるテレビ朝日の女性記者へのセクハラ事件であった。女性がセクハラを告発した後も当事者本人は謝罪せず、当時の麻生太郎財務大臣は「『セクハラ罪』という罪はない」と発言した。当時は米国において「#MeToo」運動が行われていた時期でもあり、セクハラを軽視する言動は批判の対象となった。最終的に財務省は「一定の事実が確認できたことから、退職金を減額する方針を固めた」と発表し、同年四月一八日に福田事務次官は辞任を発表した（白河、二〇一九、九四-一一一頁）。

セクハラ報道が相次ぐ中で、政府内では野田聖子総務大臣がセクハラ対策に立ち上がった。五月二八日には大臣と女性記者や経営者との非公開の協議会が行われ、その後に「セクハラ緊急対策」がまとめられた。六月一二日には安倍晋三首相が本部長を務める「すべての女性が輝く社会づくり本部」が文書を発表し、行政におけるセクハラ防止のための施策を示した。首相はさらに女性活躍推進法の見直しも指示した。二〇一九年には「女性の職業生活における活躍の推進に関わる法律」の一部改正が行われ、セクハラ防止策強化を目的として均等法も改正された。

セクハラ防止の制度化はこのように進展してきたものの問題点も少なくない。第一に、日本ではセクハラを禁止する法律が存在しない。均等法には事業主のセクハラ防止義務が規定されているため、努力義務を怠っていた企業に対しては行政処分が下され、企業名の公表が行われる。ただし、企業側の責任が問われるのはセクハラ防止のための義務を果たしていたかどうかであり、セクハラ行為そのものの責任が問われるわけではない。セクハラを訴える裁判においても、被害者は民法上の不法行為として相手に損害賠償を求めるのであり、セクハラ行為そのものに関して均等法を根拠に争うわけではない。

セクハラの禁止規定がないことは、ハラスメントをめぐる国際的な基準との乖離も表している。仕事上の暴力やハラスメントを禁じる条約が二〇一九年六月二一日に国際労働機関（ＩＬＯ）で採択された。ＩＬＯ条約第一九〇号は、仕事上のあらゆる暴力やハラスメントを各国の法律で禁じるよう求めている。日本は条約の作成に賛成票を投じたが、国内においてハラスメントを禁止する法律が存在しないことから条約を批准するには至っていない。

第二の問題点は、セクハラの被害を性的要素のみに限定してとらえる見方が日本では根深いことである。セクハラに該当する言動は、性的被害を与えるものでなかったとしても、労働環境に影響を与えることによって被害をもたらす可能性がある。職場でのセクハラは人間関係の中で生じてくるために、単純な脅しや強要として行われるのではなく、微妙で複雑な特徴をもつ行為として行われる（牟田、二〇一三）。

政治家によるセクハラ発言が度々取り上げられる際にも、セクハラを行った側の認識が不十分であることが指摘されてきた。例えば、二〇二二年五月には細田博之衆議院議長が過去に複数の女性記者に対してセクハラを行ったとの報道が行われた。本人はセクハラ疑惑を「単なるうわさ話」と主張し、「誰ひとり、具体的に『こういうセクハラがあった』と言う人はいない」と訴えた。記者団からは「上下関係があるなかでのセクハラは言い出せないものであるという認識をもってほしい」との指摘も行われ、当事者本人がセクハラ問題の本質を理解していないことが明らかになった（『朝日新聞』二〇二三年一〇月一四日）。

セクハラが広く認知されたからといって問題が解決したわけではない。なぜなら、セクハラは処罰されるべき特定の言動としてだけ存在するわけではないからである。セクハラが問題となる場面では、いわば確信犯でセクハラを行う人はほとんどおらず、セクハラを告発された人びとの中には、合意のもとだった、相手が嫌がっているとは思わなかった、まったく悪気はなかったという声が多い（牟田、二〇一三、一五頁）。周囲からは恋愛関係にあるとみられたり、指導に熱心な上司と部下とみなされたりすることもあるだろう。しかし、良好なコミュニケーションにもセクハラは隠れている場合もある。言葉の上では合意をしたとしても、その場で相手のメンツを立てるためのはぐらかしである場合や、人間関係の悪化を恐れて一時的に問題を先送りする場合もある。セクハラの被害者を励ます言葉自体が新たなハラスメントを生み出すかもしれない。

セクハラをめぐる今後

セクハラは女性が労働や政治の場への参加を求める中で問題化されてきた。日本では特にセクハラが性暴力との連続性をもつ人格侵害であることが強調されてきた。人格侵害をもたらす権力構造を変化させていくためには、支配的な価値観のもとで当たり前とされてきたことをハラスメントとして取り上げ、批判的に問題化しなければならない。

セクハラの告発は、ある人が無意識のうちにいった言葉が、他の誰かを知らず知らずのうちに傷つけていたことを明らかにする。特に「#MeToo」運動は、前の世代の人びとが受忍してきたことに今の世代は我慢せず、イヤなことはイヤという宣言であった（上野、二〇一八）。「セクハラ」が一般的なものとなる過程は、一部の人びとがセクハラの問題が世の中に存在することを強く訴えかけ、多くの人びとが受けいれていく過程でもあった。

ハラスメントの問題は、目の前にある問題がすべてではないことを物語っている。知らず知らずのうちに傷ついていたとしても、その傷を言い表す言葉がなければ、他の人からは無視されてしまうだろう。隠れた問題を明らかにするためには、現実を揺さぶり、人びとの注目を集める必要がある。福岡裁判から三〇年以上を経て、セクハラは日本社会に存在するものにはなった。しかし、具体的な解決が何を意味するのかについて未だに答えはみつかっていない。セクハラの問題を解決するためには、これまでとは異なる政治への訴えかけが求められるかもしれない。現代社会で暮らす多くの人びとにとって、ハラスメントとどう向き合うかは今後の課題であろう。

参考文献

伊藤和子（二〇二一）「セクシュアル・ハラスメントをめぐる法的問題――刑事法の領域から」角田由紀子・伊藤和子編『脱セクシュアル・ハラスメント宣言――法制度と社会環境を変えるために』かもがわ出版、八二-九八頁。

上野千鶴子（二〇一八）「闘いとってきた変化」『朝日新聞』二〇一八年五月二三日朝刊、二七頁。

厚生労働省（二〇一三）『職場における・パワーハラスメント対策・セクシュアルハラスメント対策・妊娠・出産・育児休業等に関するハラスメント対策は事業主の義務です』〈https://www.mhlw.go.jp/content/11900000/001019259.pdf〉。

白河桃子（二〇一九）『ハラスメントの境界線――セクハラ・パワハラに戸惑う男たち』中公新書ラクレ。

申琪榮（二〇二一）「セクシュアルハラスメントの理論的展開――四つの害アプローチ」『社会政策』第一三巻、第一号、一九-三四頁。

鈴木由美（一九九四）「セクシュアル・ハラスメントの基本構造とその日本的特質」鐘ヶ江晴彦・広瀬裕子編『セクシュアル・ハラスメントはなぜ問題か――現状分析と理論的アプローチ』明石書店、一一五-一四二頁。

三浦まり（二〇二三）『さらば、男性政治』岩波新書。

牟田和恵（二〇一三）『部長、その恋愛はセクハラです！』集英社新書。

牟田和恵（二〇一六）「セクハラ問題から見るジェンダー平等への道――問題化の歴史を振りかえって」『法社会学』第八二号、一一一-一二二頁。

第10章　保守的な日本のジェンダーとLGBTQ＋の権利

二〇一八年四月、Netflixで日本の新しいリアリティ番組が始まった。『*REA(L)OVE*』と題されたこの番組は、一〇人の男性と八人の女性（実際にはマイナーなタレント）が、愛を見つけることを目的に、日本の南国の島で一緒に暮らすというものだった。この類のものはリアリティ番組の時代にはとても人気があり、イギリスで始まり世界中でシリーズ化されている『*Love Island*』はその最も有名な例だろう。『*REA(L)OVE*』のひねりは、一〇回のエピソードの間に、各出場者が自分自身についての「暗い」秘密を明かすというものだった。その秘密とは、多額の負債を抱えていること、複数の（時には既婚の）相手と寝ていること、AV業界で働いていることなどだった。#MeToo運動や女性虐待をめぐる議論を知っている視聴者なら、この番組を見て衝撃を受けたであろう。

ホスト役の田村淳はコメディアンでありプロの司会者であるはずなのに、女性出場者を繰り返し侮辱した。複数の男性と寝たり不倫したりした秘密を持つ女性には「ふしだらな女」の烙印が押される一方で、同じやましい行為をした男性出場者は軽くからかわれるだけであった。ある女性出場者は制作スタッフからあることを要求されたことに不快感を示して番組降板を望んだが、カメラの前で泣く彼女にインタビューした田村は、「嫌いなんです、僕こういう娘」と言った。それは、筆者がテレビで見た中で最も不快な、権力者である男性からのいじめの一例であった。

しかし、もうひとつひねりがある。ある女性出場者の暗い秘密は、彼女がトランスジェンダーだということであった。番組中、彼女は男性出場者の一人と親しくなり、秘密を明かさざるを得なくなったとき、番組が彼女をからかいやいじめの標的にするのではないかと不安に感じた。しかし、驚いたことに番組は、そして田村でさえも、この状況を繊細に扱った。彼女に近づいた男性出場者は、「でも、あなたは中身は女性です。それが大事なんだ」と言った。それはＬＧＢＴＱ＋コミュニティの弱者に対する驚くほど進歩的な瞬間であった。

いま述べたことは、社会問題に対する日本の態度の逆説を示している。『*REA（L）OVE*』における女性の扱いは衝撃的であった。リアリティ番組の多くがそうであるように、この番組の出来事がフェイクであったとしても、この番組と女性に対するメッセージは、筆者の母国であるイギリスでは決して放送されないだろう。同時に、日本社会は、女性問題について、女性が社会のルールによって男性とは異なる判断を下されることについて、そしてＬＧＢＴＱ＋の問題について無知ではない。ジェンダー・ギャップやＬＧＢＴＱ＋コミュニティの権利といった社会問題は、メディアで定期的に議論されている。では、なぜ日本では他の先進民主主義国と比べてこれらの人びとの権利が大きく遅れているのだろうか。これは本当に日本社会に対する公正なコメントなのだろうか。

ジェンダー・ギャップ

日本はしばしば保守的な国として描かれるが、政治的・経済的な意味ではその通りである。政治的なジェンダー・ギャップは日本では周知の事実である。筆者が日本の大学に勤務していた頃、よく授業でクイズを出し、下院における女性議員の割合（列国議会同盟 Inter-Parliamentary Union のデータに基づく）により、いくつかの国をランク付けした。学生たちは、北欧はジェンダー間の平等性が高いというイメージから、デンマークが最も高い割合を占めていると誤って推測することが多かった（正解はルワンダ）。しかし、学生たちは、日本についてはほとんど常に正しく位置づけた。二〇二四年九月現在、日本はリベリアに次ぐ一六三位で、衆議院における女性議員の割合は一〇・八％である。日本のジェンダー・ギャップは人口危機と同様に周知の事実であるが、政策立案者たちは、この問題にどう対処すべきかについて、何もアイデアを持っていない、あるいは政治的意志を欠いているようにすら見える。世界経済フォーラムの報告書によれば（World Economic Forum, 2024）、日本は、「経済的参加と機会」では世界一二〇位、「政治的エンパワーメント」において世界一一三位である。日本のように経済的にも教育的にも発展した国にとって、この数字は恥ずべきものである。

代表は重要である。イギリス国民にとって、女性が皇位を継承できないという考えは、非常に奇妙である。エリザベス女王二世は、イギリス国民からも海外の人びとからも愛されていた。彼女は君主制を二一世紀へと導く手助けをした。ビクトリア女王（在位一八三七〜一九〇一年）は、大英帝国が最も強力で、世界人口の二五％を支配していた時代の君主である。女性は指導者になれないという考えは、アンゲラ・メルケル（Angela Merkel）、マーガレット・サッチャー（Margaret Thatcher）、ウルスラ・フォン・デア・ライエン（Ursula von der Leyen）、クラウディア・シェインバウム（Claudia Sheinbaum）、その他の女性指導者たちによって、猛烈に否定されるだろう。

自民党の石破茂総裁（兼首相）は、女性皇族の皇位継承に賛成する発言をしたが、自民党総裁選の最終決戦の相手であった高市早苗は改革に反対した。ここでも再び首相になるべく立候補した女性が、国家元首に女性が就くことに反対を表明したのは逆説的に見える。このことは、日本は社会的に保守的な国だという考えを裏付けている。しかし、国民全体について言えばそうではない。毎日新聞が二〇二四年五月に行った世論調査では、回答者の八一％は女性が天皇となることに賛成だった（『毎日新聞』二〇二四年五月二〇日）。自民党保守派の少数の政治家が、改革に対する国民の同意をうまく妨げているのである。これは若い世代にどのような影響を与えるのだろうか。

日本での講師時代、筆者は数多くの社会科学の授業を担当し、日本だけでなくグローバル社会における平等やフェミニズム、代表制の問題に取り組んだ。学生たちがグローバル社会について議論するとき、女性が権力の座に就いていることは、何ら衝撃的ではなく、当然のこととして扱われていた。筆者の経験では、女子学生たちは、あらゆる面で男子学生と知的に同等であり、そのような若さでありながらかなり成熟し、大きな責任感を持っていることが多かった。日本経済の生産性とイノベーションの問題に対する回答は、筆者の目の前にあった。

これらの優秀な若い女性たちの多くは、卒業後すぐに、彼女たちを明日の潜在的リーダーとして見ることを拒否する社会的・企業的な構造に組み込まれてしまう。彼女たちがクラスで見せていた輝かしい個性やリーダーシップは、やがて彼女たちが入ることになる堅苦しい職場生活によって押し潰されてしまうだろう。日本初の女性首相となる数少ない候補者の一人が女性皇族を潜在的な国家元首候補として受け入れないとしたら、いかにして政治家からインスピレーションを得ることができるだろうか。尊敬する代表者がいない中で、若い女性たちは、自分たちは明日のリーダーにはなれないという制度的偏見にどう立ち向かえばいいのだろうか。

日本では男女間の経済格差も大きい。女性は小売業や社会福祉など低賃金の仕事に就く傾向が強い。ほとんどの先進工業国の経済では、建設業などのブルーカラー分野の雇用が減少しているのに対して、小売業や社会福祉の分野の雇用は増加しているが、労働条件は大きく劣ることが多い。ソーシャルケア部門では、賃金は最低賃金水準に設定されていることが多く、労働時間は不明確で（オンコールワーカーも普及している）、仕事上の訓練や昇進は限られている。アメリカのバイデン政権は、「インフラ投資・雇用法」、「CHIPSおよび科学法」を通じた景気刺激策や雇用創出プログラムに一兆ドル以上を費やしている。この雇用創出と結びついているのが、良質な仕事（高賃金、医療・保険給付、職場内の訓練提供）と労働組合加入を促進する「良い仕事イニシアティブ」（二〇二四年）である。より質の高い雇用を確保する方法としての労働組合加入の重要性に対する信念は、バイデン政権の具体的な政策手段の一つである。その結果、こうした政策の主な焦点は、建設部門、製造部門、技術部門といった、労働組合の代表権が強く男性が多い部門に向けられてきた。政府主導の景気刺激策が、ソーシャルケアのような女性主導の産業を対象とすることはほとんどない。このことが示すのは、女性がその仕事の性質上、賃金におけるジェンダー・ギャップに直面していることである。これはどの国でも起こることである。

しかし、日本における賃金のジェンダー・ギャップは特に大きい。OECD加盟国のデータ（二〇二四年）によれば、日本の男女賃金格差（男性賃金の中央値に対する割合）は、ラトビアと韓国に次ぐ第三位である。共同通信の二〇二四年九月のレポートによると、東京証券取引所に上場している企業で女性CEOは一三人しかいない（『共同通信』二〇二四年九月一七日）。これまでに指導的地位における女性の登用状況を改善しようとする試みは行われてきた。保育の提供を通じてより多くの女性の出産休暇後の復職を支援することを目的とした安倍晋三首相の「ウーマノミクス」（Government of Japan, 2014）や、二〇三〇年までに東証上場企業のＣＥＯの三〇％を女性にするという岸田文雄首相の目標などである。しかし、これらの試みの背後には実際の政策がほとんど存在しない。子どもを産んだ女性に毎月給付金を支給したり、地方に移住した女性への給付金を増額したりする試みは、政治指導者が日本の生産性や人口動態の問題に何か取り組んでいることを示すために考え抜かれた筋の悪い仕掛けである。これらのアイデアはどれも現実的で長期的な政策ではない。

一方では、日本政府は女性の経済参加を増加させることを望んでいる。他方では、日本政府は女性にもっと子どもを産むことを奨励する必要がある。金銭的インセンティブや男性の育児休暇の長期化といった仕掛けは、グローバル社会における根本的な変化を認識していない。人びとは豊かになるにつれて、優先順位が変化する。多くの国で、異性間で結婚し家族を構築するという家族モデルは、もはや既定の社会モデルではなくなっている。男女ともに、家庭を築くことよりも、キャリアや余暇活動、個人の目標を優先する傾向が強まっている。日本政府の誤りは、女性を人間としてではなく、特定の役割、すなわち社会に貢献するための母親という役割を果たすべき市民として見ていることにある。イギリスの「平等法」（二〇一〇年）は、男女間の賃金格差、ハラスメント、差別に対する法的保護を規定することに加えて、女性だけでなく、障害、性的指向、宗教、人種など「保護されるべき特性」を持つすべての人びとに対して、職場での雇用、昇進、解雇が平等に扱われることを保証する。同様の法的規定は、ジェンダー・ギャップが小さい国にも存在する。「女性」政策に焦点を当てるのではなく、社会内のすべての人口集団に保護を与えることが賢明な行動指針であろう。この原則は日本のマイノリティ集団にも適用しうる。

LGBTQ＋の権利——競合するアイデア

先に、日本が保守的な国であると考えることは必ずしも正確ではないと述べた。日本の指導者や一部の制度が保守主義を支持する一方で、世論ははるかに進歩的であることは明らかである。日本は現在、G7諸国の中で同性婚を認めていない唯一の国である。二〇二四年三月の札幌高等裁判所の判決は同性婚の禁止を違憲であると裁定し、地方レベルである都道府県や市は同性パートナーシップを認めている。何よりも重要なことは、同性婚を国家レベルで合法化するという考えが広く世論に支持されていることであり、二〇二三年二月の朝日新聞の世論調査でこの考えに反対した回答者はわずか一八％であった（『朝日新聞』二〇二三年二月二〇日）。あるジョーク曰く、「同性愛の人たちにも、ストレートの既婚者と同じくらい不幸になる権利がある」。

保守的な社会規範を守るために世論が進歩的な考えに対して拒否反応を示すのは日本に限ったことではない、という点には留意すべきである。アメリカでは一〇人に六人が銃規制の強化を支持しているが（Schaeffer, 2024）、銃規制に反対する圧力団体が主に共和党の保守的な議員を経済的（選挙寄付を通じて）・文化的に支配しているために、改革が行われることはないだろう。世論がそのまま直接的に法改正につながることはないとはいえ、一九八〇～九〇年代にかけて多くの西欧諸国で起こった同性愛者の権利運動が今日の同性婚の容認につながったように、いずれ社会規範が政治慣習を変えることになるであろう。

同性愛者の権利の進展は、遅々たるものとはいえ確実なように見える。だが他方で、トランスジェンダーの権利の未来に関しては、より多くの論争の余地がある。世界で最も社会的に進歩的である国々でさえ、バランスを取るのに苦闘している。多くの国におけるトランスジェンダーの人びとに対する法的保護は、様々な点から見て、世論よりも進歩的である。マルタ、デンマーク、ニュージーランド、アルゼンチンなど十数か国以上が自己同一性の権利を合法化しており、医療専門家に相談することなく性別を変更することができる。

西欧諸国には、トランスジェンダーの権利に関する法的進展が早すぎると主張する人もいる。最も論争的な問題のひとつは、トランス女性がこれまで（生物学的な）女性の空間とされてきた場所に入る権利についてである。たとえば、女性専用と表示された公衆トイレに入る権利、家庭内虐待の被害女性のためのシェルターに入る権利、さらには女性専用刑務所に入る権利、女性スポーツに出場する権利などである。各国政府は、何の公的な協議も行うことなく、今日では性的自己同一性が生物学的現実に優るという決定を下した。

おそらく最も有名なのは、『ハリー・ポッター』の作者であるローリング（J. K. Rowling）が、ソーシャルメディアを使って、トランス女性を女性空間に包摂することに対して強く反対したことだろう。それによって、彼女は、トランスジェンダーの権利を支持する多くの若者にとってはインターネット上での憎悪の象徴となり、伝統的なフェミニストにとっては英雄となった。ローリングは、この問題について声を上げる数少ない発言者の一人である。サセックス大学の哲学教授であるストック（Kathleen Stock）が性的自己同一性について懸念を表明したとき、彼女は、学生のLGBTQ＋グループと同僚の学者の両方から嫌がらせや脅迫を受け、そして雇用主からはほとんど支援を得られなかった。レズビアンで熱心なフェミニストであるストックは、身の安全を脅かされ、（少数派の）学生からの抗議によって仕事が不可能になったため、職を辞さざるを得なくなった。

進歩的な国々における現在の状況は論争的である。社会の中で権力を握るマイノリティであるという観点から見た場合、トランスジェンダーの権利と女性の権利は同じではない、という点は強調しなければならない。しかし、日本では、社会における話題の取り上げ方に文化的な違いがあるためか、この議論がなされるには程遠い。オーストラリア日本研究所のザンゲリーニ（Aleardo Zanghellini）の報告は、セクシュアリティに対する西洋と日本の（おそらく東アジアの）考え方の違いについて重要な指摘をする。ザンゲリーニの指摘によれば、日本では欧米諸国で見られるようなＬＧＢＴＱ＋コミュニティに対するオープンな祝典、例えば毎年のプライド・パレードは行われていないかもしれない。他方で、「日本にはユダヤ・キリスト教の伝統に根ざした多くの文化に見られるような激しい同性愛嫌悪はないが、日本社会には異性愛規範が根強く残っている」（Zanghellini, 2021）。前節の最後で指摘したように、日本にはマイノリティ集団を差別から守るための包括的な法的枠組みがない。

ジェンダー・ギャップや人口問題と同様に、マイノリティ集団の状況は日本では謎に包まれているわけではない。日本のテレビで時事問題番組やトーク番組を見ていると、欧米で同性愛者の権利が声高に威勢よく争われてきたのとは対照的に、これらの問題が事実に基づいて真剣に考えながら議論されていることに驚かされる。西欧諸国で性的マイノリティに対する差別が社会的に容認可能と見なされていた一九八〇〜九〇年代には、法的、政治的、社会的受容の探求がまさに「闘い」として捉えられていた。大学生に教えていた経験から言うと、全員がＬＧＢＴＱ＋の問題を認識していた。しかし、思い返してみれば、どの授業でも同性愛やトランスジェンダーを公表している学生に出会ったことはなかった。たしかに、そのような問題は筆者には関係ないことであったし、学生たちに性的指向を尋ねることもなかったし、そんなことはどうでもよかった。大学は、若者が自分らしくいられ、新しいライフスタイルを試みることができる場所だと思われがちだ。日本で若者がするかもしれない質問のひとつは、「同性愛やトランスジェンダーって、どういうこと？」である。

筆者が日本にいた頃、ＬＧＢＴＱ＋コミュニティで最も目立っていたのはタレントのマツコ・デラックスだった。マツコ・デラックスは優れた編集者であり、作家であり、同性愛者の権利の率直な支持者であったが、部外者にとっては、同性愛を古風に表現しているように見えた。「ドラァグクイーン」は、二〇世紀末のイギリスのテレビ番組で長い間人気を博していたが、ステレオタイプで、同性愛者がどう振る舞うべきかについての偽物のイメージと見なされたため、時代遅れになっていた。しかし、LGBTQ＋コミュニティについては、もう少しニュアンスの異なる表現方法がとられてきた。リアリティ番組『*REA(L)OVE*』の例は別として、テレビドラマ『おっさんずラブ』では、三人の男性による同性愛三角関係が描かれた。興味深いことに、三人の主人公の行動は、異性愛者のロマンチック・コメディのそれと似ていた。三人とも特に女々しくなく、同性愛者だからといって特別扱いされてもいなかった。

日本におけるLGBTQ＋コミュニティに対する態度は、対立しないというお馴染みのパターンに従っている。大まかに言えば、マイノリティのライフスタイルは受け入れられており、日本は、同性愛者の権利をめぐる歴史的な争いや、それ自体が西欧諸国における保守派と進歩派の間の現代版「文化戦争」の一例である女性の権利とトランスジェンダーの権利をめぐる論争を避けてきた。しかし、同時に、それは性的マイノリティの代表性を高める結果につながっていない。性的マイノリティに対する公然たる批判が稀である一方、差別に対する保護や非難も稀である。これらは、儒教文化圏では遅々として進まない対話なのである。

日本の日常生活と政治を考える

本書のテーマは、日本の日常生活の状況を考えることである。本章では特に、ジェンダーとLGBTQ+の権利の問題を外国人の視点から見ている。典型的な外国人の見方は、日本はこれらの問題について「遅れている」というものだ。特にビジネスや政界における男女平等や女性代表のケースでは、いくつかの点から見てそれは事実である。日常生活という意味では、女性は、依然として子どもを産むことが最も重要な貢献であるとみなす社会の中で、尊敬を得たり個人の可能性を発揮したりするための闘いにいまだに直面している。このような状況の中で、ますます多くの女性、そして若者一般が、伝統的なライフスタイルを否定し、「めんどくさい」状況を避け、「自分のペースで」生きることを選択するようになっているのは、何も驚くべきことではない。社会のルールが公正でないのであれば、そこに参加する意味はあるのだろうか。

ＬＧＢＴＱ＋コミュニティに対する差別は、多くの点であまり目立たない。日常生活において、性的指向に基づく差別は表立ってはそれほど多くないかもしれない。しかし、このような見方は、結婚を許されない人びとや、自分が選んだ性別で人生を送ることが法的に許されない人びとが基本的人権を否定されている、という点を無視している。西欧諸国の例が示すように、これは単純な問題ではない。同性婚は広く支持されているかもしれないが、性的自己同一性は依然として論争の的となっている。

社会が平等であるためには、すべての構成員の利益が代表されなければならない。これを完璧に実行している国は世界にひとつもなく、これらすべての集団の要求を平和的にバランスさせる方法を知っている国もない。政府は社会に公正であることを強制することはできないが、少なくともすべての市民が差別から法的に保護され、法の下に平等であることを保証することはできる。これこそが、文化的規範に長期的な変化をもたらし、すべての国民にとって日常生活が公正であることを保証するのである。

参考文献

Government of Japan.（2014）. *Womenomics Is Pushing Abenomics Forward.* 〈https://www.japan.go.jp/tomodachi/2014/summer2014/womenomics_is_pushing_abenomics_forward.html〉.

Inter Parliamentary Union（2024）. Monthly ranking of women in national parliaments. Accessed: 25/09/2024

OECD.（20, 09 2024）. *Gender equality.* 〈https://www.oecd.org/en/topics/policy-issues/gender-equality.html〉.

Schaeffer, K. (2024). *Key facts about Americans and guns.* 〈https://www.pewresearch.org/short-reads/2024/07/24/key-facts-about-americans-and-guns/〉 Pew Research Centre.

UK Government (2010). *The Equality Act* 2010*: Guidance* 〈https://www.gov.uk/guidance/equality-act-2010-guidance〉.

United States Department of Labour (2024, 09 15). *What is a good job?* 〈https://www.dol.gov/general/good-jobs/workers/good-jobs〉.

World Economic Forum (2024). *Global Gender Gap* 2024*:* Insight Report 〈https://www3.weforum.org/docs/WEF_GGGR_2024.pdf〉.

Zanghellini, A. (2021, 07 01). *LGBTQ Rights in Japan.* Retrieved from Australian Institute of International Affairs 〈https://www.internationalaffairs.org.au/australianoutlook/lgbtq-rights-in-japan/〉.

第11章　「国民」のイメージとその自覚

あなたはナニ人？

筆者の知人にM氏という文化人類学者がいる。彼は大阪生まれの大阪育ちで、大学入学を機に東京で暮らすようになり、最初に就職した大学で数年過ごした後、北海道の大学に転出し、現在に至る。まとめると彼は大阪で約二〇年、東京で約一〇年、そして北海道で約二〇年過ごしたことになる。また、M氏は東京出身の女性と結婚し、本籍を大阪から東京に移している。さて、このM氏は大阪人だろうか、東京人だろうか、ドサンコだろうか。ちなみにM氏自身は自分を東京人だと関西弁で主張している……。些末な話題と思われるかもしれないが、国際的なレベルに置き換えると、ある人物が「ナニ人」であるかという話は笑い話では済まされないこともある。

ここで図11-1を見てもらいたい。この四人のうちミス日本を選ぶとしたらあなたは誰

図 11-1　ミス日本にふさわしいのは誰？

出所：COPILOT を用いて筆者作成。

を選ぶだろうか。そして、仮に右下の女性が選ばれたとしたらあなたはどう思うだろうか。もし、それに違和感を持つとしたらそれはなぜだろう。

実際、二〇二四年のミス日本コンテストで、両親がウクライナ人で、本人は五歳で来日、二〇二二年に日本国籍を取得した、二六歳の女性がグランプリに選ばれたが、ＳＮＳ上では「日本人らしくない」という批判的な意見が見られたという（『東京新聞Ｗｅｂ版』二〇二四年一月三〇日）。選ばれた本人も「人種の壁があり、なかなか日本人として受け入れてもらえないことも多くあった中で、今回日本人として認められたと感謝の気持ちでいっぱいです」とコメントしていた。これまでにも日本人として受け入れられない経験をしてきたのだろう。

ナショナルアイデンティティとナショナリズム

読者が日本人であるなら、あなたにとって日本人であるということにはどんな意味があるのだろうか。普段は大して気にならないことかもしれない。しかし、オリンピックで日本選手が他の国の選手と試合をして勝ったというニュースを聞いたらどうだろう。普段スポーツに興味のない人でも嬉しい気持ちになるのではないだろうか。一度も会ったことがない、あるいは報道で初めて知った日本の選手やチームを見て、極端な場合には選手たちの名前も知らずただ試合の結果や順位だけを見て、自分まで誇らしい気持ちになるというのは、考えてみれば奇妙なことではないだろうか。

また、「北方領土がロシアに占拠されている」「竹島が韓国に占拠されている」と聞くと、ロシアや韓国を「我々の敵」と思うのではないだろうか。しかし、大抵の人びとにとって北方領土や竹島は自分が所有する土地でもなければ、外国による占拠が自分に何か不利益をもたらすわけでもない。このように人びとには、自分が所属する国と、自分を「同一視」して直接関係ない問題についても時に感情的になってしまうことがある。

自分に関する認識、例えば自分の名前や性別、年齢、容姿、性格、能力、職業などを「アイデンティティ」というが、グループのメンバーであるという自覚もアイデンティティの一種であり、これを「社会的アイデンティティ」という。△△大学の学生、××会社の社員、□□サークルのメンバー、☆☆のファンクラブ会員など。人びとはひとたび自分のことをあるグループのメンバーと認識すると、メンバーとしてふさわしい思考や感情を抱くようになる。そして、グループのために貢献しようとしたり、他のメンバーをサポートしようとしたりする気持ちが起こりやすい。地域に愛着のある人が清掃活動に参加したり、卒業した学校に思い入れの強い人が母校に募金したりする、あるいはサークルメンバーとしての自覚が強い人が気が進まなくてもコンパに参加してその場を盛り上げようとしたりする。

国というグループについても同様で、国民の一人であるという自覚を「ナショナルアイデンティティ」という。また、民族の一人であるという自覚は「エスニックアイデンティティ」という。国民としての自覚が強い人は欠かさず投票に行ったり、災害があると募金をしたり、ボランティアに参加したりしやすいだろう。場合によっては自ら兵士になることを志願し、敵と戦おうとするかもしれない。

社会的アイデンティティには人びとをグループに奉仕させるだけでなく、人びとのプライドを満足させるという機能がある。自分の母校が有名大学だったり、所属する会社が一流企業だったりするとそのことを自慢に思うだろう。そして、グループが人びとのプライドを満足させるためには、グループがさほど特別なものや珍しいものである必要はない。メンバーが自分のグループを素晴らしいと思いさえすれば、それだけでその人のプライドを満足させることができる。隣のクラスよりも自分のクラスの方がテストの平均点が高かった、自分の生まれた街で歴史上の偉人が生まれた、はては自分の住んでいる県の餃子の消費量が一番だったといったことでも人びとは自慢話をしたがる。外国人ユーチューバーが「日本人が素晴らしい」ことを力説している動画を見ると、自分が立派な人間であるような気になったりもする。

こうしたグループに依存して感じられるプライドは、それを感じる人自身の能力や実績とは全く関係ないことが多い。オリンピックで日本チームが優勝したとしても、日本の科学技術が進んでいるとしても、大抵の個人にとっては何ら関係ないことであるが、そうしたことを見聞きしたり、想像したりするだけで、人びとは誇りを感じ、晴れがましい気持ちになることがしばしばある。

ナショナルアイデンティティは単に自分が○○人であるという自覚にすぎないが、自国に対する思い入れが強くなってくると、自国や自民族の利益を優先し、他国や他民族よりも自分たちが優れていると考えるような「ナショナリズム」が生まれたり、さらには自国や自民族を優秀で価値ある存在と感じると同時に他国や他民族を劣った人びととみなし、排除しようとする「エスノセントリズム」が形成されたりすることもある。

歴史上その最も有名なケースは九〇年ほど前のドイツのナチス政権による「ホロコースト」であろう。ユダヤ人はユダヤ教を信仰し、共通の歴史観を持っているが、一口に「ユダヤ人」といっても彼らはヨーロッパ、中東、ロシアなどの広い地域に暮らしており、実際には多様な人びとである。しかしながら、ナチスの指導者ヒトラーは『わが闘争』（ヒトラー、一九七三）という自著の中でユダヤ人をひとまとめにしてドイツの敵として攻撃した。そこではドイツ人を含む「アーリア人」こそが人類の芸術・科学を創造した「文化創造者」であるとする一方で、ユダヤ人を「ウジ虫」「ペスト」と呼び、アーリア人を経済的に搾取し、他民族の文化を盗み取り、改悪して堕落させる「文化破壊者」であるとしている。このため優秀なアーリア人と混血することは避けなければならないとされた。ヒトラーはこのような思想に基づいて、政権についた後、実際にユダヤ人を国外に追放し、最終的にはユダヤ人の絶滅を図った。

ドイツ人とユダヤ人の間には宗教や生活スタイルなど文化的な違いがあったと思われるが、比較的最近アフリカのルワンダで起こったケースでは、実際には大した違いなどなくても人びとが自分とは異なると思う他の民族に対してジェノサイド（大量殺戮）を行う可能性があることを示している。一九九四年、アフリカのルワンダではフツ族によるツチ族の虐殺が行われ、八〇万人から一〇〇万人が犠牲となった。この内戦は一般の人びとが一斉に殺戮、暴行に参加するという極めて規模が大きい凄惨なものであった。ここで興味深いのは、ツチ族とフツ族の人びとの間に身体的特徴の差はほとんどなく、典型的とされる容姿はあるものの実際には外見だけで区別するのは難しかったということである（日本人にもホリの深い人や背が高い人がいるようなものだろう）。また、両者は使用言語も宗教も同じで昔から同じ地域で暮らしていた。強いて言えば伝統的にはツチ族が牧畜を営む支配階級で、フツ族が農業を営む多数派だったが、虐殺事件が起こった頃にはツチ族にもフツ族にも政治家はいたし、何よりも当時の大統領はフツ族であった。ツチ族による反政府運動もあったが政府内にもツチ族に対する穏健なフツ族の有力者が多数いたとされる（ゴーレイヴィッチ、二〇一一）。二つの民族を区別する客観的特徴や条件はほとんどなかったにもかかわらずジェノサイドは起きてしまったのである。

ナショナルアイデンティティという幻想

社会的アイデンティティは客観的なものではなく、主観的で、相対的で、一時的なものである。それは目の前に存在する椅子や机のように物理的に存在しているものではなく、人びとの頭の中のイメージとして存在しているに過ぎない。高校野球を見ている間は出身地の高校を応援して、オリンピックが始まると日本代表を応援するように、時に応じて人は「大阪人」にもなれば「日本人」にも「アジア人」にもなりうる。

アンダーソン（二〇〇七）は「国民」を「イメージとして心に描かれた想像された政治共同体」と定義した。もちろん客観的な「国籍」が存在していることは間違いないが、「国民」は家族やスポーツチームのように協力したり構成員全員と触れ合ったり、意思疎通を図ったりできる実体のある集団ではない。一方で、多くの人びとは実際には互いに顔も名前も知らない膨大な数の他人と同じ共同体の一員であると認識しており、自分がナニ人かと考える時には想像上の共同体である国民の一員であると考えている。端的に言えば国民という実態のない存在は知覚することができないにもかかわらず、人びとはその存在を確信し、自らがその一員であると自覚しているのである。

人びとが国民をイメージする際には大別して二つの根拠があるとされる。第一は「民族」である。民族とは言語、信仰、生活習慣などの文化を共有し、「我々意識」で結びついている人びとの集団のことである（綾部、一九九三）。「我々意識」という主観的なもので結び付けられる以上、民族という概念すら想像上の産物であるといえる（ゲルナー、二〇〇〇）。単一の民族によって構成される国や、あるいは国民の大多数を特定の民族が占めるような国ではエスニックアイデンティティがナショナルアイデンティティと一致しやすい。

言語によって民族が形成された例として「ドイツ人」がある。日本語では国名として「ドイツ」という言葉を使用するが、ドイツ語では国名としてのドイツを"Deutschland"という。これはドイツ語（Deutsch）の国（Land）という意味であることからも「ドイツ語」が「ドイツ（国）」よりも古くからあることは明らかである。さらにこのDeutschという言葉はもともと「（中世ヨーロッパの国際語であったラテン語ではない）民衆の言葉」という意味であり（三佐川、一九九三）、現代的に言えば「地元の言葉」といった意味であった。

かつて今のドイツに相当する土地に暮らす人びとの間では、地元の言葉を話す人びとがいるという認識はあっただろうが、地元の言葉を話す人びと全体を同胞の民族と考えるようなことはなかったとみられる。ところが一九世紀にフランスのナポレオンが侵略してきたことをきっかけに、ドイツ語を話している人びとの間に「ドイツ民族」としての意識が高まり、最終的にドイツ帝国が誕生することになったとされる（谷川、一九九九）。「外国人」であるフランス人を強く意識することによって人びとの間にドイツ人としてのナショナルアイデンティティが確立していったと考えられる。

国民のイメージを形成する第二の根拠は「理念」である。スポーツの試合や戦争に関連したニュース映像ではしばしばアメリカ人が熱心に「ＵＳＡ！　ＵＳＡ！」と連呼している様子を見かける。アメリカは様々なオリジン（出身やルーツ）を持つ人びとによって構成される移民国家であり、一つの民族によって成り立っているわけではない。イギリスからの独立以来自由と平等の理念を掲げ、独立を記念する行事を行い、国のために戦って死んだ兵士を弔い、清潔で安全な住環境で「よき市民」として暮らすことが「アメリカ的」であるとする共通認識を広めることによって「アメリカ人」というアイデンティティが確立されたといわれる（宮本、二〇二〇）。肌の色や宗教などの違いによらず「アメリカ人らしい」とされる価値観を持っている人びとをアメリカ人と見なすという思想が、ナショナルアイデンティティの拠り所になっていると考えられる。

これら二つの根拠のうち民族を基に形成されたアイデンティティやそれに付随する感情を「民族ナショナリズム」(イグナティエフ、一九九三)または「東欧型ナショナリズム」(Kohn, 1944)という。また、自由、平等などの理念を基に形成されたアイデンティティやそれに伴う感情を「市民的ナショナリズム」(イグナティエフ、一九九三)または「西欧型ナショナリズム」(Kohn, 1944)という。これは歴史的にドイツ以東のヨーロッパでは民族ごとに国家を形成した国が多く、西ヨーロッパでは個人の自由や人びとの平等といった理念を重視して国家が形成されたことに由来している。

出版によるナショナルアイデンティティの形成

ところで民族ナショナリズムにせよ、市民的ナショナリズムにせよ、一人ひとりの人間が実際に多数の人びとと触れ合うことは不可能である。会ったことも話したこともない数百万、数千万、あるいは数億の人びとが同じ民族であると感じられるためにはどのような仕組みがはたらいたのだろうか。

分業と流動性が高まった近代社会においては、正確な意思疎通が必要になるが、そのために共通の読み書き能力を基礎とした一つの文化が形成され、人びとはそのような社会に同一化したとされている（ゲルナー、二〇〇〇）。また、アンダーソンは国民という共同体は出版によって誕生したと述べているが、これは国民という集団が、出版物を通じて情報を共有し、遠く離れた不特定多数の人びとと相互理解を育むことによって誕生したことを意味している。

特徴

（単位：人（%））

どちらでもない	やや日本人らしい	非常に日本人らしい
111（47.0）	103（43.6）	20（8.5）
90（37.7）	110（46.0）	35（14.6）
36（15.1）	82（34.5）	119（50.0）
44（18.3）	84（35.0）	110（45.8）
28（11.8）	107（45.1）	100（42.2）
97（40.2）	99（41.1）	34（14.1）
59（24.7）	89（37.2）	85（35.6）

それでは日本人は実際に何に注目して「日本人（らしい）」と感じるのか見てみよう。表11-1左の縦の欄には「肌の色がペールオレンジ」「瞳が黒い」……という項目がならんでいる。あなたならどのような項目が日本人らしさの特徴であると感じるだろうか。これを見ると最も重要なポイントはやはり言語である。日本人を感じさせる一番の特徴は「日本語が話せる」ことであり、次いで「国籍が日本」「日本の習慣やルールを守る」と

表 11-1　日本人らしい

	全然日本人らしくない	あまり日本人らしくない
肌の色がペールオレンジ	1（0.4）	1（0.4）
瞳が黒い	2（0.8）	2（0.8）
日本語が話せる	1（0.4）	0（0.0）
国籍が日本	1（0.4）	1（0.4）
日本の習慣やルールを守る	1（0.4）	1（0.4）
日本の文化や事情に詳しい	1（0.4）	10（4.1）
日本で育った、日本に長く暮らしている	2（0.8）	4（1.7）

出所：今在（2024）より転載。

いった特徴が続く。これに対して「肌の色がペールオレンジ」「瞳が黒い」といった身体的特徴は相対的に重要ではないこともわかる。

ナショナルアイデンティティは同胞愛につながるのか?

さて、いわゆる「ネトウヨ（ネット右翼）」と呼ばれるような人たちはともすると排他的なまでに日本人の安全や利益を守ろうとする発言を行うことがあるが、あのような発言にはどのような認知過程があるのだろうか。先に社会的アイデンティティは同じグループへの奉仕を促すと述べたが、日本に対する愛国心が強い人は外国人を排斥する一方で、他の日本国民に対して優しくなったり親切になったりするのだろうか。

一九八〇年前後に誕生したイギリスのサッチャー政権とそれに続くアメリカのレーガン政権は新自由主義（Neoliberalism）を採用した。日本も英米に一〇年ほど遅れて自民党の小泉政権がその本格的な導入を図った（濱田、二〇一三）。新自由主義とは市場万能主義、小さな政府、金融万能主義といった特徴を持つイデオロギーであり（菊池、二〇一五）、経済活動に対する政府の介入と国家の支出を抑制しようとする思想である。同時に、それは福祉国家が人びとの怠惰や依存をもたらすと主張し、個人に自立・自助を求めるイデオロギーであり（吉崎、二〇〇五）、こうした考え方が広まるにつれて国民が自活する責任、すなわち「自己責任」という意味で「責任」という言葉が用いられるようになったといわれる（モンク、二〇一九）。

ところで、新自由主義を推進したのは保守的傾向が強い政治家や政党であった。個人に自己責任を求める新自由主義と、既存の国や社会という集団に価値を置く保守主義は、一見すると正反対のイデオロギーであるように見えるが、筆者は二つの思想が心理的には関連しうることを確認している（Imazai, 2024）。図11-2は日本人を対象としたアンケート調査で得られたデータを分析した結果である。「愛国心」は日本が好きで日本に住みつづけたいという気持ちである。「政府の手続き的正義」とは行政や司法が公正に機能している

出所：Imazai（2024）.

図 11-2　愛国心による自己責任規範の促進

と感じられることであり、「自己責任規範」とは人びとは困ったことがあっても自助努力で乗り越えるべきである、努力や能力によって格差が生まれることは仕方がない、企業も個人も政府を頼るべきではないといった考え方である。この分析結果によれば愛国心が強い人ほど政府の手続き的正義を強く感じ、さらに自己責任規範が生まれやすいことがわかる。日本の国が正しく運営されていると信じる人ほど他の人びとが失敗してもその結果は社会のせいではなく、本人の努力や才能によるものであり、当人はその結果を引き受けなければならないと考えるようである。

　これによれば愛国心が強い人は国を信頼するあまり同じ国に暮らす他の人びとの窮状を正当化して自助努力を求めるようになってしまう可能性があると考えられる。日本が素晴らしい国であり、自分がその一人であるという自覚は自己のプライドを高めることはあっても、同胞であるはずの不遇な人びとに対する共感にはつながりにくいのかもしれない。

ナショナルアイデンティティの未来

かつて出版というメディアが誕生したことにより見知らぬ人びとの間に一体感がもたらされた。出版に続き、映画、ラジオ、テレビが登場し、さらにインターネットが急速に発達した今日、国内外のさまざまな情報が伝えられるようになり、個々人のレベルで世界中の人と意思疎通ができるようになった。今後、このような状況は人びとが同胞と感じる範囲にどのような影響を与えるだろうか。

まず考えられることは得られる情報の範囲が世界中に広がるため、かつて出版が果たした役割を延長して考えれば、ＩＣＴの発達が「世界市民」という新たなアイデンティティを形成する可能性があるということである。

しかしながら、現実にはそうしたことは簡単には起こらないようにも思われる。かつてのように数ページの新聞を見て離れた同胞の様子を知っていれば十分とされた時代とは異なり、情報過多の時代にあっては、結局のところ、一人ひとりの個人は世界中で生み出される情報のほとんどを顧みることはない。むしろ人びとは情報量を抑えて必要なものだけをあらかじめ選別してくれる「フィルターバブル」の中で限定的な情報にしか触れなくなったり、自分と同じ志向性を持つ人びとの情報だけを見て視野狭窄に陥ってしまう「エコーチェンバー効果」の虜になってしまったりする可能性があると考えられる。そのような状況では、自分たちが感じる「同胞」の範囲は空間的には広がるものの、その対象となる人びとはかえって限定的になってしまう可能性もあるのではないだろうか。さらには感情に強く訴えかけることが容易な画像や動画を通じて国際的な摩擦や敵対的な外国人を見て、短絡的に狭小なナショナリズムを抱いてしまうこともあるだろう。狭小なナショナリズムに陥らないようにするためには、インターネットから得た情報について、そのロジックやエビデンスを吟味するだけでなく、それをもたらした情報源に注意することや、あえてそこに書かれていることとは反対の意見を検索することも必要だろう。

参考文献

綾部恒雄（一九九三）『現代世界とエスニシティ』弘文堂。

アンダーソン、ベネディクト／白石隆・白石さや訳（二〇〇七）『定本　想像の共同体――ナショナリズムの起源と流行』書籍工房早山。

イグナティエフ、マイケル／幸田敦子訳（一九九三）『民族はなぜ殺し合うのか――新ナショナリズム六つの旅』河出書房新社。

今在慶一朗（二〇二四）「『ネイション』の心理――自分は何人で、誰が同胞なのか」北海道教育大学函

館校国際地域研究編集委員会編『国際地域研究Ⅵ』大学教育出版、四〇‐五一頁。

菊池英博（二〇一五）『新自由主義の自滅 日本・アメリカ・韓国』文春新書。

ゲルナー、アーネスト／加藤節監訳（二〇〇〇）『民族とナショナリズム』岩波書店。

ゴーレイヴィッチ、フィリップ／柳下毅一郎訳（二〇一一）『〈新装版〉ジェノサイドの丘――ルワンダ虐殺の隠された真実』WAVE出版。

谷川稔（一九九九）『国民国家とナショナリズム』山川出版社。

濱田国佑（二〇一三）「新自由主義的改革に対する意識構造の世代間差異――二〇〇五年SSM調査データの分析から」『現代社会学研究』第二六巻、一‐一七頁。

ヒトラー、アドルフ／平野一郎・将積茂訳（一九七三）『完訳 わが闘争（上）・（下）』角川文庫。

三佐川亮宏（一九九三）「Lingua theodisca の語義と普及過程――九世紀初頭からルートヴィヒ敬虔帝の治世にかけて」『北大文学部紀要』第四二巻、七五‐一二五頁。

宮本健市郎（二〇二〇）「アメリカ・ナショナリズムの展開と『よき市民』の形成」『アメリカ教育研究』三〇、一‐一一頁。

モンク、ヤシャ／那須耕介・栗村亜寿香訳（二〇一九）『自己責任の時代――その先に構想する，支えあう福祉国家』みすず書房。

吉崎祥司（二〇〇五）「福祉国家をめぐるイデオロギー的対抗の基相」竹内章郎・中西新太郎・後藤道夫・小池直人・吉崎祥司著『平等主義が福祉をすくう――脱〈自己責任＝格差社会〉の理論』青木書店、一四七‐一九四頁。

Imazai, K. (2024) Promoting self-responsibility norms through national identity via procedural justice. *Tohoku Psychologica Folia*, 82, 1-13.

Kohn, H. (1944) *The Idea of Nationalism*. New York: The Macmillan Company.

第12章　**隣人として暮らす外国人たちとどう付き合うか**

外国人の定住が進む日本

日本で暮らす外国人が増えている。同僚として一緒に働いたり、隣人として地域活動をともにしたりしている人もいるかもしれない。二〇二四年六月末時点で三五九万人の外国人がこの国で暮らしており、二〇一二年と比べて一・八倍となっている（出入国在留管理庁、二〇二四b）。また、別のデータによれば、日本の人口に占める外国人の割合は二〇二四年一月一日時点で二・七％と過去最高を記録している（総務省、二〇二四）。外国人住民の割合が最も高い都道府県は東京都でその割合は四・七％となっており、都民の二一人に一人が外国人である。外国人住民の増加は都市部に限った話ではなく、全国の町村のうち八五％において外国人住民の増加が確認されている（総務省、二〇二四）。

外国人住民の出身国を見てみると、地理的に近いこともあってアジア出身者が多い。一〇万人以上（二〇二四年六月末時点）の在住者がいる出身国は、中国（八四万人）、ベトナム（六〇万人）、韓国（四一万人）、フィリピン（三三万人）、ブラジル（二一万人）、ネパール（二〇万人）、インドネシア（一七万人）、ミャンマー（一一万人）となっている（出入国在留管理庁、二〇二四b）。アジア以外でブラジルが多いのは、一九九〇年代に多くの日系ブラジル人を受け入れたからである。これら八か国の出身者が外国人人口の約八割を占めている。日本社会の多国籍化、多文化化が進んでいることが見えてくる。

外国人が日本に滞在するために必要な在留資格の内訳（二〇二四年六月末時点）を見ると、三分の一にあたる一一八万人は、在留期限のない「特別永住者」（在日コリアンなど）と「永住者」である。さらに、在留期間の制限がありつつも定住性が高い在留資格を有する外国人（日本人の配偶者等、永住者の配偶者等、定住者）も含めると、在住外国人の四五％にあたる一六〇万人が日本に永住、あるいは長期にわたって定住している人たちといえる（出入国在留管理庁、二〇二四b）。その数は二〇一九年末と比べて一〇万人増加しており、今後も外国人の定住化が進んでいくことが予想される。

外国人労働者受け入れの拡大

この国で外国人が増えている主な要因は、少子高齢化と人口減少に伴って生じている労働力不足である。労働市場で主力となる生産年齢人口（一五～六四歳）の推移を見ると、一九九五年の八七〇〇万人を境に減少に転じ、二〇二〇年には七五〇〇万人となっている（国立社会保障・人口問題研究所、二〇二三）。一方、二〇〇八年に四九万人だった外国人労働者数は、二〇二三年には四倍強の二〇五万人まで増加し過去最高となっている（厚生労働省、二〇二四）。生産年齢人口の減少は避けられず、外国人労働者への依存度は今後高まっていくと予想される。ある試算によると、二〇四〇年には関東地方から中国地方にかけての一四の都県で必要となる外国人労働者の数が、生産年齢人口比で一〇％を上回るとされる（ＪＩＣＡ緒方貞子平和開発研究所、二〇二四、四三頁）。

近年、日本政府は労働力不足を訴える産業界の要請に応えるため、外国人労働者の受け入れ拡大に向けた政策を進めている。その一つが、在留資格「特定技能」の創設である。二〇一九年にこの在留資格が設けられた目的は、日本人で労働力不足を補うのが難しいとされる介護、ビルクリーニング、建設、自動車整備、宿泊、農業、漁業、飲食料品製造業、外食業、自動車運送業、鉄道、林業など一六業種で外国人労働者の受け入れを進め、労働力不足を解消することにある。

「特定技能」の創設は、二つの点において外国人労働者政策の転換点となっている。一つめは単純労働者の受け入れが視野に入ったことである。外国人労働者受け入れに関する日本政府の方針は、高い専門性や技術を有し、日本の経済や社会に貢献する専門的・技術的労働者は受け入れるが、ブルーカラーと呼ばれる単純労働者は受け入れないというものである。特定技能労働者は、専門的・技術的労働者に分類されるが、設定された業種を見ると、実質的には単純労働とみなされるものが含まれている。単純労働者の受け入れは一九九〇年代から技能実習生や日系南米人の受け入れという形で実質的に行われてきたが、彼らはそれぞれ日本で先進的な技術を学んで帰国後に母国の発展に活かすという国際貢献や、祖先の祖国である日本に定住するという労働以外の名目で来日していた。このような制度の目的と実態が一致しない受け入れは「サイドドア（通用口）」からの受け入れとも呼ばれてきたが、特定技能の創設によって「フロントドア（正面玄関）」からの受け入れへと変わった。

二つめは、一定の要件を満たせば、家族の呼び寄せが可能になるとともに、在留資格更新回数の上限がなくなり、日本での長期定住、永住への道が開かれたことである。二〇二四年六月末現在、二五万一千人が特定技能労働者として働いているが（出入国在留管理庁、二〇二四b）、政府は二〇二八年度末までにさらに八二万人を受け入れるとしており（二〇二四年三月二九日閣議決定）、今後も特定技能労働者の受け入れが進むと考えられる。

また、二〇二四年には、制度の目的と実態の乖離や、実習生に対する人権侵害の発生を批判されてきた技能実習制度を廃止し、三年以内に「育成就労制度」を新設することが発表された。この制度は、労働力不足の業種における人材の育成と確保を目的としており、三年間の育成期間を経て特定技能への移行が想定されている。育成就労から特定技能へ繋ぐことで、より多くの外国人労働者がより長く日本で働き、暮らすことを可能にする仕組みが整いつつある。

外国人の増加に対する日本人の意識

外国人労働者の受け入れ拡大による外国人の増加に対して、日本人はどのように考えているのだろうか。出入国在留管理庁が実施した意識調査の結果によれば、肯定的な意見と否定的な意見が混在している（出入国在留管理庁、二〇二四a）。調査結果を詳しく見ていこう。まず、四一・五％の回答者が日常生活で外国人と接点がないと答えており、多くの日本人にとって外国人の存在がまだ遠いことがうかがえる。一方で、六二・四％の回答者が身の回りで外国人労働者が増えたとも感じている。

次に、自分が住んでいる地域に外国人が増えることについては、「好ましい」が二八・七%、「好ましくない」が二三・五%、「どちらともいえない」が四七・三%となっている。肯定的な意見が否定的な意見を若干上回っているものの、多くの人が態度を決めかねている様子がうかがえる。そもそも身近に外国人がいないため判断できないという理由も見受けられる。

外国人の増加が地域社会に与える影響については、「外国の言葉や文化等を知る機会が増える」、「外国のことについて関心を持つようになる」、「地域で他の国籍の人たちと交流できる機会が増える」という考え方に対して「そう思う」(「そう思う」と「少しそう思う」の合計)と答えた人がいずれも六割を超えており、国際交流や異文化交流の機会が生まれることを肯定的にとらえていることがわかる。また、「労働者不足の解消につながる」、「地域の活性化につながる」と考える人もそれぞれ六七・二%、五二・六%と過半数を占めており、地域課題の解決において外国人が果たす役割への期待も示されている。

その一方、「文化・習慣の違いによるトラブルが生じる」(七〇・九%)、「言葉の壁によるトラブルが生じる」(六六・五%)と、外国人との異文化摩擦やコミュニケーションに対する不安も高い。このような懸念は、「緊急時や災害時における地域活動でトラブルが起きないか不安に感じる」回答者が六〇・四％いるところにも表れている。また、多言語対応を含む外国人向けサービスや教育などによる社会的負担の増大（五五・〇％）、治安を含めた地域環境への悪影響（四五・〇％）に対する危惧もある。さらに、約半数が外国人住民の増加に対して「漠然とした不安」を感じているとも回答している。

この調査では、日本人と外国人が共生するために外国人に求めたいことも質問しており、「日本の習慣、生活ルールを守るようにする」が七七・五％と最も高くなっている。続いて「日本語や日本の文化を学ぶ」（六〇・七％）、「地域住民との交流や地域の活動に参加するようにする」（三七・八％）が重視されている。受け入れ社会である日本社会の仕組みや文化・言語を尊重しつつ、地域社会に関わってほしいという日本人の思いが見えてくる。また、日本人として回答者自身ができることに関しては、「外国人に対する差別意識を持たないようにする」が六六・二％で最も高く、「近くの外国人と日常的なあいさつをする」（四三・五％）、「外国の言葉や文化、習慣を学ぶ」（四〇・七％）と続いている。これらの回答からは、外国人と接点を持ちながら、彼らのことを学ぼうとする姿勢がうかがえる。

「統合政策」の必要性

出入国在留管理庁の調査結果からは、外国人の増加に対して日本人が期待とともに不安も抱いていることが確認された。今後も外国人の増加、定住化がさらに進むことが予想されることから、外国人が日本語を学ぶとともに、日本の文化や習慣を理解できるような機会を整備して日本人の不安を解消するのみならず、日本にとってプラスとなるような受け入れを行っていく必要がある。また、外国人労働者受け入れ拡大のように、日本社会の活力を外国人の力も借りつつ維持する政策が展開されていることに鑑みると、外国人の人権が保障され、経済的・社会的に安定した生活を送り、地域社会の一員として地域社会に積極的に参画できるような支援や制度を整えていくことも同時に必要とされる。このような一連の政策は「統合政策」と呼ばれ、カナダやオーストラリアのような移民国家では、多くの財政的・人的資源を割いて体系的に行われている。

日本では移民政策が取られていないことから、国レベルでの包括的かつ体系的な統合政策は行われてこなかった。統合政策に関する国際比較指標「移民統合政策指数（MIPEX）」でも、日本は「統合なき移民」という評価に分類され、調査対象国五六か国中三五位となっている（Solano and Huddleston, 2020）。「統合なき移民」とは、移民がその国に長く住むことができるものの、国民と同等の基本的な権利や機会が保障されていない状態を指している。日本については、外国人の医療サービスへのアクセスや家族呼び寄せでは比較的良好な評価を受けているが、外国人の基本的人権を保護する差別禁止法や、政府から独立して人権救済を行う国内人権機関の不在に関して非常に厳しい評価を受けている。ちなみに、調査対象国のなかで国内人権機関がないのは日本のみである。また、外国につながる児童・生徒が教育上大きな困難を抱えていることも指摘されている。

外国人が増えつづけ、ごみ出しのルールや公共サービスへのアクセス、生活に必要な日本語の習得、外国につながる子どもたちの教育といった課題が地域社会で顕在化するなか、その対応に奔走してきたのは地方自治体である。国としては、二〇〇六年に総務省が「地域における多文化共生推進プラン」を策定し、生活情報の多言語化、日本語学習機会の提供、相談窓口の設置、地域社会の意識啓発といった方向性を示したが、実施主体はあくまで地方自治体とされていた。その結果、外国籍住民の多寡や首長の関心の濃淡などによって、外国人住民が受けられる支援やサービスの充実度が自治体によって異なる状況が生まれている。全国的に外国人住民が増えていることから、日本のどこに住んでいても同じような支援やサービスが受けられるような仕組みが求められている。

多文化共生社会の構築に向けて

国が統合政策の実施主体として動きはじめたのは、二〇一八年に「外国人材の受入れ・共生のための総合的対応策」(以下、総合的対応策)が策定されてからである。新たな在留資格「特定技能」の創設によって、より長期的な滞在や家族帯同が可能になる外国人労働者が増えることを見込んで、受け入れ環境を整備することが目的とされた。さらに、二〇二二年には、外国人との共生に関するビジョンを示すとともに、中長期的な視点で施策に取り組む「外国人との共生社会の実現に向けたロードマップ」(以下、ロードマップ)がまとめられている。

この「ロードマップ」では日本が目指す「外国人との共生社会」に関する三つのビジョンが掲げられている(出入国在留管理庁、二〇二二、三-五頁)。簡潔にまとめると、①日本社会の一員である外国人が、必要な支援を受けながら日本人と同じような権利を享受し、義務を全うできる社会、②多様な背景を持つ外国人が、その個性や能力を存分に活かしながら活躍できる社会、③多様性に積極的な価値を見出し、外国人も含めて個人の尊厳と人権が尊重され、差別や偏見がない社会となる。このビジョンに基づき、(a)日本語教育の推進、(b)情報発信・相談体制の強化、(c)出産・育児・就学・就労・老後などのライフステージに対応した支援、(d)外国人住民の社会参加促進に向けた日本人住民の意識啓発・醸成など共生社会の基盤づくり、という四つの重点事項が設定され、各省庁が実施する百を超える施策を揃えている。ビジョンの方向性や重視する取り組みの内容は、カナダのような移民受け入れ先進国で実施されている統合政策と変わりない。しかし、各省庁の施策がどのような論理に基づいて実施され、相互にどのように関係しているのかは明確に示されておらず、ビジョン実現に向けた道のりが見えにくくなっている。

日本にとって参考になりそうなのが、カナダ連邦政府の移民・難民・市民権省が使用している定住支援プログラムに関する論理モデルである（Silvius and Boddy, 二〇二三、二四四頁）。カナダでは移民とその家族の定住・社会統合に向けて様々な支援策が定住支援機関を通じて提供されているが、体系的・論理的に政策を展開し評価するため、各支援策の位置付けと因果関係、定住から適応、統合までの各段階における成果（アウトカム）が明示された論理モデルが用いられている。たとえば、移民がカナダ社会で機能するために不可欠な公用語（英語・仏語）の習得に関しては、初期定住段階では英語あるいは仏語のスキル向上が成果指標となっている。続く中間期の適応段階では、少なくともどちらか一つの公用語を用いてカナダ社会で機能できるとともに、就労につながることが成果とされている。さらに、最終期となる統合段階では、移民が習得した公用語を駆使して活躍し、カナダ社会に恩恵をもたらしていることが成果として示されている。

カナダの事例を参考にしつつ、外国人にどのような役割を期待し、受け入れ側として日本社会が何をするのか、最終的にどのような共生社会を目指すのかを論理モデルとして可視化することも有用と考えられる。

政治は外国人とどう向き合うのか

日本では外国人の増加と定住化が進み、外国人との共生が全国的な課題になりつつあり、政治が外国人とどう向き合っていくのかがこれまで以上に問われている。政治による選択の帰結が政策であるとするならば、本章で紹介してきた外国人労働者受け入れの拡大や「総合的対応策」、「ロードマップ」の背後にも外国人との向き合い方に関する政治の選択があるといえる。

二〇一九年の在留資格「特定技能」の創設は、日本の外国人との向き合い方を大きく変える安倍晋三政権の政治的決定であり、単純労働者受け入れのフロントドア化と外国人労働者の家族帯同と永住への道を開いた。技能実習生や日系南米人のようなサイドドアからの受け入れは、時間が経つにつれて制度の目的と実態の乖離が大きくなり、人権侵害を含むさまざまな矛盾が生じていた。このような矛盾を解消することは政治にしかできない。また、特定技能における家族帯同と永住の可能性については、事実上の移民政策ではないかという自民党内部の懸念や、外国人単純労働者の受け入れが日本人の労働条件に悪影響を及ぼしかねないとする危惧も労働組合から出されたが、経済成長に必要な労働力の確保という目的を優先して決定された。

「総合的対応策」と「ロードマップ」についても、特定技能の創設に伴う外国人の増加と定住化を見据えて策定されているため、安倍政権の決定がきっかけとなって国レベルでの統合政策が着手されたとみなすことができる。「総合的対応策」と「ロードマップ」は各省庁の施策を集めた政策的対応となっているが、統合政策をより積極的に進めるための包括的な法整備など、さらに踏み込んだ政治決定が求められる日も来るかもしれない。

また、政治が外国人と向き合うことは、日本人とも向き合うことにも通じる。出入国在留管理庁の調査でも明らかにされたように、外国人の増加に対して不安を感じている日本人も多い。このような国民の不安に対して政治が果たせる役割は、不安を正面から受け止めて真摯に対応することである。具体的には、外国人労働者の受け入れ拡大がどのような点で日本の国益となるのか、受け入れ数はどのように管理していくのか、受け入れにあたって外国人に求める要件は何か、受け入れに伴う国民の負担はどのくらいになるのか、その負担はなぜ正当化されるのか、日本人の安全・安心はどのように守られるのか、外国人との共生を実現するために日本人は何をすることが求められるのか、といったことを一つずつ丁寧に説明し、国民の不安を少しずつ取り除いていくことである。

また、労働力不足の解消や地域活性化といった点での外国人への期待も同調査から明らかになっており、外国人の増加が地域社会や日本全体にどのような恩恵をもたらしているのかを、データを用いるなどして国民が納得できる形で説明していくことも政治に求められる役割といえよう。

日本と同じように労働力不足に直面している先進国は多く、労働者獲得競争が激しくなっている。各国は、受け入れ数を大幅に増やしたり、経済成長に有用な特定の技能や産業に的を絞った受け入れを進めたり、長期の定住や永住権取得につながる施策を展開したりして、移住労働者を呼び込もうとしている（ＯＥＣＤ、二〇二三、八四‐八八頁）。国際的な人材獲得競争の中で、日本の政治はどのように外国人と向き合っていくのだろうか。その決定内容によっては、この国の将来が大きく左右される可能性もある。

参考文献

厚生労働省（二〇二四）「「外国人雇用状況」の届出状況まとめ（令和五年一〇月末時点）」〈https://www.mhlw.go.jp/stf/newpage_37084.html〉（アクセス二〇二四年九月一日）。

国立社会保障・人口問題研究所（二〇二三）「日本の将来推計人口（令和五年推計）結果の概要」〈https://www.ipss.go.jp/pp-zenkoku/j/zenkoku2023/pp2023_gaiyou.pdf〉（アクセス二〇二四年九月一日）。

ＪＩＣＡ緒方貞子平和開発研究所（二〇二四）「二〇三〇／四〇年の外国人との共生社会の実現に向けた調査研究に係る外国人労働需要予測の更新業務　最終報告書」〈https://www.jica.go.jp/jica_ri/publication/booksandreports/__icsFiles/afieldfile/2024/08/13/2030_final.pdf〉（アクセス二〇二四年一〇月二六日）。

出入国在留管理庁（二〇二二）「外国人との共生社会の実現に向けたロードマップ」外国人材の受入れ・共生に関する関係閣僚会議〈https://www.moj.go.jp/isa/content/001374798.pdf〉（アクセス二〇二四年一〇月二〇日）。

出入国在留管理庁（二〇二四ａ）「外国人との共生に関する意識調査（日本人対象）」〈https://www.moj.go.jp/isa/support/coexistence/survey03.html〉（アクセス二〇二四年一一月二七日）。

出入国在留管理庁（二〇二四ｂ）「令和六年六月末現在における在留外国人数について」〈https://www.moj.go.jp/isa/publications/press/13_00047.html〉（アクセス二〇二四年一〇月二〇日）。

総務省（二〇二四）「住民基本台帳に基づく人口、人口動態及び世帯数のポイント（令和六年一月一日現在）」〈https://www.soumu.go.jp/main_content/000892926.pdf〉（アクセス二〇二四年一〇月二六日)。
OECD（2023）*International Migration Outlook 2023*. OECD Publishing, Paris. 〈https://doi.org/10.1787/b0f40584-en〉.
Silvius, Ray and Don Boddy／徳田剛・古地順一郎訳（二〇二三）「カナダの小都市圏におけるニューカマーのための直接的・間接的支援サービスへのサポート」徳田剛・二階堂裕子・魁生由美子編著『地方発　多文化共生のしくみづくり』晃洋書房、二三六－二五四頁。
Solano, Giacomo and Thomas Huddleston（2020）*Migrant Integration Policy Index 2020*. 〈https://www.mipex.eu/〉（アクセス二〇二四年一〇月二六日）.

第13章　ふたたび戦争がリアルな時代に生きるということ

深まる謎

社会や政治についての謎のなかで、一番大きなものはなんだろう。私たちの生活への影響、規模の大きさという意味で、「戦争」ほどのものは見つけられないのではないだろうか。戦争を謎とよぶのは変な感じを受けるかもしれない。しかし考えてみてほしい。私たちが普段知っている人間社会では、他人を傷つけたり、ものを破壊したりすることは、もちろん法律に触れることだし、なにより倫理的にやってはいけないことと思われている。これを「悪」と見なさない人たちはあなたの周りにいるだろうか。私たち自身がそういう行為を行うことはもちろんだが、それらを目にする機会さえほとんどないのではないだろうか。

しかし、少しでも国際ニュースに触れることがあれば、いま現在、多くの人びとが世界のさまざまな場所で戦い、傷つけあっていることは嫌でも目に入ってくる。むしろ悲しいことに、そのような報道がない日を見つけることは難しい。

そこでは、多くの人間を殺傷し街を破壊するために、多額のお金と最先端のテクノロジー、そして貴重な命が注ぎ込まれている。そして大事なことだが、それに従事している人たちは少なくとも自分たちのその行為を「悪」とは見なしていないだろう。このような大規模な戦いをとりあえずここでは「戦争」と呼ぶことにするが、同じ人間社会のなかで、なぜこれほどまでに、一方で「悪」とされることが、「戦争」となるとそうではなくなってしまうのだろうか。そもそも、なぜそのような戦争が世界にたくさんあるのだろうか。これが謎でなくてなんだろう。

もう一つ大事な謎がある。私たちは最近、この戦争をなぜか身近に感じてはいないだろうか。以前よりも戦争を話題にすることが多くなってきたとは思わないだろうか。若い世代は過去との比較が難しいだろうが、実はこのことは専門家含め、多くの人の常識になりつつある。その明白なきっかけは二〇二二年のロシアによるウクライナ侵攻だろう。日本のある世論調査では、周辺国との間で「戦争が起こるかもしれない不安」を以前より感じるという人は八割にのぼった（『朝日新聞』二〇二二年五月三日）。「新しい戦前」という言葉が二〇二三年の新語・流行語大賞にノミネートされていたことも指摘しておこう。その後も各地での情勢不安定化と紛争拡大を目の当たりにして、世界的にも「新しい世界戦争の足音」「再び大国間戦争の時代か」というような表現が当たり前のように使われている。いったい、いまなにが起こっているのだろうか。この謎だらけの問題を解きほぐすために、まずは私たちの近くから考えていこう。

遠景になった戦争

この本を読む多くの人たちは、これまで、戦争のことを真正面から考えたことはほとんどないだろう。それが当然である。いま日本に生きているほぼすべての人にとって戦争は日常生活とはまったく関係のないものであった。

日本で戦争といえば、およそ八〇年も前に終わった、反省やら教訓がでてくる物語であって、いまの現実とは結びつかないのが普通の感覚ではないだろうか。私たちが戦争について触れるとき、そのほとんどは、ヒロシマ、ナガサキのイメージに結びつく。当然、絶対に繰り返してはならないものとして日本社会の中に受け継がれてきたし、それは私たちが誇るべき態度であることは間違いない。したがって、私たちが世界の戦争を見るときに、そこに強い違和感やあまりに理解できないものを感じるのも当然であろう。

ということは、日本と、それ以外の国々では戦争についての考え方にギャップがあるから、このように謎を感じるのだろうか。つまり、日本はほかの国と違って(「平和ボケ」という言葉が使われることもあるが)戦争があまりに現実から遠いところに置かれてきたために、理解できないことが多いのだろうか。

たしかにこのような感覚は日本に強く見られるとはいえ、注意深く考えれば、世界の他の地域でも、戦争が日常と考えられているところが多くあるわけではない。ウクライナの人たちは二〇二二年二月、突然全面的な戦争に巻き込まれたし、ロシアでもそれ以前に戦争が人びとの日常だったわけではない。アフリカや中東などで戦火は絶えなかったとはいえ、それでも二〇世紀半ばまでに世界が経験したような憎悪と殺戮の時代は遠くなったように思えた。朝鮮戦争、ベトナム戦争という大規模な地域紛争が展開されたアジアも近年は各地の火種は拡大せず、かつて戦争を繰り返してきたヨーロッパに至っては、その域内で戦争などおよそ考えられないような平和で繁栄した地域を作り上げてきた。

とくに日本を含めた「先進諸国」では第二次世界大戦以降、本格的な戦争は日常から「遠いもの」となっていた。アメリカは例外的にさまざまな戦争に関与していたが、しかしそのどれもが本国から遠く、多くの一般人にとって身近な問題ではなかった。(ベトナム戦争がある意味で例外であったことはここでは横においておく。）つまり、世界の多くの地域で、戦争は物理的にも、意識の上でも「遠く」にあるものだった。戦争についての私たちの感覚がじつはそれほど世界と異なっているわけではないことは確認しておこう。

アナーキー？

ここで一つだけ、国際政治学の鍵となる説明をしたい。実はいま私たちが生きている世界の仕組みでは、このような戦争は構造的に防げないもの、少なくとも防ぎづらいものであると考えられている。それは私たちが、国際関係や国際政治と呼ぶ、物語の舞台そのものに理由がある。

この舞台では、登場する主要なアクター（主体）が国家であることは直感的に理解できるだろう。日々の国際ニュースをみるときに、「アメリカは」「中国では」などという言葉が飛び交っている。このような現在の世界を構成する二〇〇近い国々のことを主権国家と呼ぶ。日本ももちろんその一つである。

ここで、単なる国家ではなく、主権というところを注目してほしい。英語ではソブリン（sovereign）というが、これは、国家は、自分以上の存在がない、至高の存在であることを意味している。簡単に言えば、世界には警察も裁判所も、厳密に言えば私たちの思うような法律も存在しない。国連などの国際機関はそれぞれの国家が自発的に入ることを選択したいわばサークルのような存在であって、そこにルールはあっても、それを強制的に守らせる仕組みも組織も存在しない。この状況を国際政治学ではアナーキー（無政府状態）とよんでいる。

もちろんだからといって世界がカオス、混乱に満ちたものではないことは私たちは知っている。そのためにさまざまな努力が積み重ねられてきたし、多くの仕組みが作られてきた。しかし、国際政治の舞台が原則としてそのような存在であることは変わりない。ここまで書けば多くの人が気づいたであろうが、このなかでは、国家間の争いごとが戦争になることを防ぐのは簡単ではない。むしろ、原理的に戦争を防げない状態が、世界の本来の姿なのである。

謎解きの三つの補助線

しかしこの説明を聞いて、少し納得できないものがあるのではないだろうか。そのような世界なら、なぜこれまで私たちの周りでは戦争が日常ではなかったのか。少なくとも日本では、現在生きているほとんどの人びとが戦争を直接見聞きも体験もしていない。なぜだろうか。

じつはこの疑問が大事なポイントに繋がる。三つの補助線を引いて考えてみよう。

まず、いまの世界を考える上で重要なスタート地点である一九四五年からの国際関係が「戦争への反省」を大前提としていたことを確認しておく必要がある。二〇世紀前半はまさに憎悪と殺戮の時代であった。第一次、第二次世界大戦があったこの数十年間、死者だけで一億人という信じがたい規模に達したと言われる。傷ついた人びと、大切なものを失った人びとはどれほどの数だろうか。その哀しみと憤りが世界に満ちていたことは想像に難くない。そして一九四五年夏の日本降伏によってこの世界は大転換する。それ以降の国際関係では、このような大惨事をもたらした戦争をなんとか防ぐためにじつに多くの努力がなされてきた。

そのなかには、国際連合の設立など誰の目にもはっきりしたものもあるし、欧州では戦争をみたび繰り返さないように国家間の統合を目指すプロセスがEUとして結実したこともある。互いに豊かになるための自由貿易、国境を越えた人びとの交流、それらを支える多くの国際機関や民間組織が世界中に展開された。身近なところでは、日本の憲法、とくに第九条の規定がそのような背景で生まれ支持されてきたことも指摘できる。かつてあれほどまでに戦争国家だった日本はアメリカの占領政策にうまく乗る形で戦争から一番遠い国を目指したし、それを人びとが心から望んでいたということができるだろう。

冷戦、米ソ対立という時代を経ながらも、そして国際政治の構造はアナーキーのままでありながらも、一九四五年後の国際関係は大戦争の時代への反省と嫌悪を強い基調として展開してきた。

二つめに指摘できるのは、アメリカのリーダーシップである。第二次世界大戦後の世界では、欧州諸国や日本など、当時存在感のあった諸国は戦争によって社会が瓦解するほどのダメージを受けていた。その中で、唯一の大国として残ったアメリカが自らの力を自己利益のためだけに使わず、世界をうまく仕切ろうとしたことは注目に値する。それはアメリカの使命感とも言えるし、また冷戦という時代背景によるともいえよう。いずれにしても、アメリカは経済的にも「持ち出し」で国際関係に一定の責任を果たそうとしつづけた。世界を支えることができるというアメリカの自信が基盤になっていたともいえるだろう。

最後に日本の周りを見ておこう。第二次世界大戦のあと長きにわたって、多くの国々はゼロからに近い国造りと必死の経済発展に集中しており、またアメリカがこの地域に存在感を示しつづけてきたことによって、日本にとって戦争は例外的なものとなった。近隣の国際関係は戦争からは遠いものであったし、少なくともそこに自らが関与しなければならないような状況は存在してこなかった。

これら三つの補助線を引いて一九四五年からの世界をみると、それらがいかに私たちを戦争から遠ざけ、日常からかけはなれた存在にまで「昇華」させたかがわかる。日本に生きる私たちにとって、それは毎夏に悲しみとともに振り返り、再び繰り返されないことを祈る存在であった。

もちろん、このようなシンプルなまとめ方は、見る立場を変えれば不満が残るかもしれない。戦争がいわゆる先進国以外、いまグローバルサウスとも呼ばれる地域に閉じ込められ、そこの人びとの苦しみが見えなくなっていたことには十分留意する必要はあろう。

ふたたび世界戦争の時代なのか

しかし、このような説明をしてみれば、いまなぜ私たちが戦争を身近に意識するようになっているかが浮き彫りになってくるのではないだろうか。これらの補助線を消していくと見えてくるものはなんだろうか。

まず第一に、一九四五年以来の国際関係を支えていたさまざまな条件が徐々に薄れつつある。それは八〇年も経てば当然かもしれない。世界の人びとにとって、大戦争の時代の記憶ははるか遠いものとなった。ほとんどの政治指導者の頭には、二〇世紀前半の記憶は意味あるものとして残っていないだろう。国際政治のなかで自制的な言動は消えつつあり、不満を隠さず互いにぶつけあうことが普通となった。このトレンドは二〇一〇年代半ばのイギリスのEU脱退という衝撃的な決定にも萌芽をみることができる。

しかし最大の転換点は、二〇二二年のロシアによるウクライナ侵攻であろう。ロシアという大国が、まるで一世紀前の世界のように、隣国に軍事侵攻し全面的な戦争となったことはあまりに大きな出来事であった。そしてこれは、平和を謳歌してきたヨーロッパの人びとに差し迫った恐怖をもたらした。防衛予算の増大はもちろん、フィンランドは国境を封鎖してロシアへの警戒を強め、バルト、北欧諸国は徴兵制を復活、強化するなど、多くの国が急速に戦争に備えることとなった。

そして二つめに、アメリカのリーダーシップの喪失はあまりに明白であろう。二〇一六年、二〇二四年の大統領選挙におけるトランプ勝利は多くの人に驚きを与えたが、その基本的な主張はわかりやすい一国主義である。なぜアメリカが、世界の問題に「持ち出し」

で関与しなければならないのか、そんな損なことはもうやめたい。それはそこだけをとりだせばあまりに当たり前の主張に見える（もし日本がそんなことをやっていたら私たちはきっと同じことを言うだろう）。

しかし、補助線の説明を頭に入れた上であらためて見てみると、これほど「一九四五年後の世界の終わり」を象徴するものもない。アメリカは、そのような普通の国ではないこと、世界に意欲的に関与すること、賛否や好悪はあれど、その前提で一九四五年からの国際政治は成り立っていた。その国の大統領の「なぜ我々だけがそんなことをしなくてはいけないのだ?」という問いかけは、実に清々しいほどの時代の断絶を見せてくれている。

なおトランプが全否定しようとした前任者のオバマ大統領も二〇一三年に「アメリカは世界の警察官ではない」という発言をして注目されている。このトレンドはトランプの個性によるものではなく、アメリカそのものの変容なのである。そして重大なことは、それがアメリカ一国の話ではなく、世界全体に直接に大きく影響することである。とくにアメリカによって抑え込まれてきた戦争の火種が、いま各地で燃え盛ろうとしていることははっきりとしている。

それは、日本周辺でも明白になっている。そもそも多くのアジア諸国は、近年、濃淡の差はあれど劇的な経済発展とそれに伴う自信を増大させてきた。なかでも中国は経済発展とともに政治的発言力、また軍事的な存在感を急速に高め、周辺国との軋轢は誰の日にも明らかとなっている。台湾をめぐる大問題、そして尖閣諸島問題はもちろんだが、南シナ海ではASEAN諸国との間でも緊張が高まっている。中国がこのような問題で攻撃的な姿勢を取りつづけていることも近年は聞かぬ日はないだろう。

中国側から見れば違う描き方もあり得るかもしれないが、少なくとも日本にとってここ一〇年来の隣国の振る舞いにはこれまでとは違った危機感を感じるし、またロシアと中国との戦略的な協力関係や、不気味さを増す北朝鮮など、日本周辺があまりにきな臭く感じられることは当然といえるだろう。同時に日本国内でも、これに対抗するような多くの動きが展開されてきた。集団的自衛権、いわゆるスパイ防止法、安全保障法制など、断片的には耳にしたことがあるだろう。あるいは、防衛予算の大幅な増強、各国との頻繁な合同演習の展開、また沖縄、先島諸島の有事の住民避難計画など、それぞれの出来事を日々つなぎあわせてみれば、そこに戦争の身近さを感じないほうが鈍感すぎるというべきかもしれない。

少し前に説明したように、私たちの生きるこの国際関係は、その性質からして戦争を防ぎづらい仕組みになっている。一九四五年後から続く三つの補助線を消してみれば、それは以前の大世界戦争の時代への回帰か、すなわち新しい戦前かという情勢になってもおかしくはないし、実際にその危険性が高まっているように見えるのが、いま私たちが日常を送っている世界なのである。

日本の責任、私たちの未来

このように、あまりに幸福だった前の世代とは違って、私たちは戦争に本気で向き合わなくてはならないことが明らかになりつつある。もちろんそれは誰にとっても気乗りしないことであるし、目を背けたい、考えたくない世界でもある。

しかしそれは、私たちがなすすべもなく嵐に巻き込まれるという意味ではまったくない。戦争は私たち人間の社会が行うものであって、究極的には私たちの選択の問題である。戦争の問題はあまりに大きいがゆえに、人間の力では抗いがたい自然災害のように扱ってしまうこともある。あるいは反対に、やられたらやり返せというような視野の狭い話に置き換えてしまうこともある。

しかし、戦争は、私たちが選んだ指導者が決定し、私たちのお金で、私たちの命を使って行うものである。現在の日本では、私たちの行動はあくまで防衛的なもので、悪いのは相手方だといえるかもしれない。しかし同時に、相手からからはそう見えてはいないかもしれない。戦争という抜き差しならない事態に至るまでに、やるべきことをやれていないかもしれない。このようなことを冷静に判断することがいかに難しいか、その失敗の積み重ねがどれほどの悲惨な結末をもたらすか、私たちは一九四五年に終わった戦争によって教訓を得ている。

私たちがこれまで引き継いできた、戦争の悲惨さ、愚かさの認識と、二度とその過ちを繰り返さないという固い決意は、いま、その真価が問われている。状況が許すときに、戦争を否定し、平和を賛美することは難しいことではない。しかし、世界と日本を取り巻く情勢が厳しくなってきた時代に、私たちがどのような判断をするか、どのように行動をするか、それこそが最大の試練であろう。

この時代に生きる人びとに求められているのは、国際政治のリアルな姿をきちんとおさえた上で、身近になった戦争から目を背けず、その謎を冷静に見極め、ひとつひとつ判断を続けていくということであろう。あまりに当たり前なのだが、日本はこれまでおよそ八〇年間、このような決断を迫られてこなかったし、社会全体としてその思考回路が錆びついているかもしれない。

一つ忘れてはならないことだが、日本は、国際政治の中でその存在感は決して小さくない。アメリカ、中国という特別に大きな国と比較するばかりでは判断を間違ってしまう。日本はどのような意味においても世界有数の大国であり、世界の中での日本の振る舞い方、影響力は国際政治の行方に大いに役割を果たしうる。それだけ大きな責任があるということでもある。そして、その日本のあり方は他でもない、私たちが決めている。

これまでの人間の歴史の中で、あまりに多くの人びとが戦争の中で命を落とした。とくに二〇世紀前半の悲惨さは言葉に尽くしがたい。その反省の中で作られた世界は終わろうとしている。この重大な時代のターニングポイントに生きる私たちは、未来に向けて何を選択するのだろうか。

参考文献

アイケンベリー、G・ジョン／鈴木康訳（二〇〇四）『アフター・ヴィクトリー――戦後構築の論理と行動』NTT出版。

小川裕之・板橋拓巳・青野利彦（二〇一八）『国際政治史――主権国家体系のあゆみ』有斐閣ストゥディア。

カプチャン、チャールズ／坪内淳監訳、小松志朗訳（二〇一六）『ポスト西洋世界はどこへ向かうのか

――「多様な近代」への大転換』勁草書房。

高坂正尭（一九六六）『国際政治――恐怖と希望』中公新書。

ナウ、ヘンリー・R／村田晃嗣・石川卓・島村直幸・高橋杉雄訳（二〇〇五）『アメリカの対外関与――アイデンティティとパワー』勁草書房。

中山俊宏（二〇一三）『介入するアメリカ――理念国家の世界観』勁草書房。

ファーガソン、ニーアル／仙名紀訳（二〇〇七）『憎悪の世紀――なぜ二〇世紀は世界的殺戮の場となったのか（上・下）』早川書房。

ブランズ、ハル（二〇二四）「世界戦争の足音――歴史は繰り返すのか」『フォーリン・アフェアーズ・レポート』二〇二四年三月号。

あとがき

「政治」というと、選挙、政党、政治家、国会、首相や大統領など、日々の報道で目にしたり耳にしたりするトピックや、高等学校までの社会科の「政治・経済」や「公共」などで勉強した記憶を呼び起こして、民主主義、国家、戦争、平和、国際政治などの言葉を思い浮かべるかもしれない。たしかに、これらはすべて政治とかかわっているし、政治学が取り扱うテーマである。しかし、本書は、ここで挙げたようなテーマに注目して政治について考えるのではなく、日常生活や身近なことに目を向けながら政治について解説しようという趣旨でまとめられている。

本書の出発点は、かれこれ二十年以上前にさかのぼる。当時、私は杏林大学社会科学部で学部の一～二年生向けの「政治学」の講義も担当していた。大学入学後、人生で初めて政治学に触れる学生や、学生時代に政治学を履修していたか否かにかかわりなく、社会に出てから改めて政治について考えてみようと思った社会人などを読者として想定しながら、『ファーストステップ日本の政治』という書物をつくったのは二〇〇三年のことであった。

私が担当していた「政治学」の授業は、社会科学部だけでなく、他学部の学生も履修していた。受講生の一定数が政治学専攻ではなく、一生のうち一回だけ「政治学」に触れる学生であった。

日常生活が実は政治と密接にかかわっていることを少しでも伝えることができれば、大学四年間のわずか一科目だけでしか政治学に触れないとしても、何らかの意味があるだろうと思い、友人たちとつくったのが『ファーストステップ日本の政治』であった。それがもととなり、その後も取り扱うテーマを折々に変え、二〇〇六年には『政治のレシピ』、二〇一〇年に『政治の見方』、二〇一六年には『日本の政策課題』という書物を刊行してきた。

本書は、これら既刊の四冊の延長線上に位置するものであり、執筆には最初の二〇〇三年から参加している人、途中から参加している人、かつては読者であったが今回は著者としての立場で参加している人などがあたっている。最初のときから数えると、二十年以上の年月が経っており、本書の読者がまだ生まれていない頃に本書のルーツがあると思えば、時間の経つ早さに驚愕する。私と各執筆者との出会いは、彼らが大学生や大学院生であったり、大学院で博士号を取得したばかりの助手や研究員であったりしたときであり、研究会や学会、書物の編集などで今まで一緒に過ごしてきた。かれこれ三十年以上の付き合いとなる人もいるし、本書には、私の学部のゼミナール出身者や大学院の研究室出身者も参加している。

一人の人間が誰かと出会い、そこから交流が生まれたとしても、それが一期一会となる場合もあるし、長きにわたる場合もある。一生のうちには良い出会いもあるだろうし、嫌な人間と出会ってしまうことも避けられない。嫌な出会いがあるからこそ、良い出会いに対して、よりいっそうの「良さ」を感じることができるのかもしれないし、嫌なことへのご褒美なのかもしれない。本書を手にした読者が人との良い出会いだけでなく、本との良い出会いも経験してくれたらと願いつつ、私は今回の編集を行った。

私事を申せば、二〇二五年秋に私が還暦を迎えるため、それを記念して、昔からの友人と集まり、本書をまとめた。本書執筆者の一人ひとりとの思い出は、それぞれあるが、私と同様に彼らも年をとり、いまや大学でさまざまな役職に就き、何かと忙しい日々を過ごしている。それにもかかわらず、本書のプロジェクトでは時間をやりくりして積極的に編集会議や執筆に取り組んでくれた。

還暦記念本の刊行に際し、これまでに良い友や学生と出会い、一緒に本づくりができたことをありがたく、うれしく思う。

本書の刊行は、日本経済評論社の柿﨑均社長のご理解と、編集の中村裕太さんのご尽力があったからこそ実現した。お二人に衷心より感謝したい。本づくりは、出版社と著者との二人三脚ともいえるような関係があるから楽しいし、楽しいからこそ時間もエネルギーもたくさん注ぎ込むことができるが、楽しい時間は意外と早く過ぎ去ってしまう。本書の刊行をうれしく思いながらも、これで一つのプロジェクトが完結してしまうという寂しさもわずかばかり感じている。

次の企画をどうしようかと内心では考えているが、今日のところは、本書刊行にかかわった方々すべてに感謝の気持ちを伝えたい。家族にもまた感謝している。

岩﨑　正洋

二〇二五年三月六日

［ナ行］

［ハ行］

［マ行］

［ヤ行］

［ラ行］

［タ行］

索引

ショーン・ヴィンセント（Sean Vincent）　第10章（著）
英国ブライトン大学研究員。1983年生、英国ハンプシャー州出身。Ph.D.（Political Science）.
論文に“#Personal vs #Party: A comparative study of candidates' new media campaigning in Japan and the United Kingdom,”（*Open Political Science*, Vol. 4, pp. 1–14, 2021），“Dominant Party Adaptation to the Catch-All Model: a Comparison of Former Dominant Parties in Japan and South Korea,”（*East Asia*, Vol. 34, pp. 197–215, 2017）など。

荒井　祐介（あらい・ゆうすけ）　第10章（訳）
日本大学法学部准教授。1974年生、神奈川県出身。修士（政治学）。
著書に「政治の個人化と大統領制化」（岩崎正洋編『議会制民主主義の揺らぎ』勁草書房、2021年）、論文に“Modern Democratic Theories and Political Education in Japan,”（*Educational Studies in Japan: International Yearbook*, Vol. 13, pp. 67–79, 2019）など。

今在　慶一朗（いまざい・けいいちろう）　第11章
北海道教育大学副学長・教授。1970年生、東京都出身。博士（文学）。
論文に“Promoting self-responsibility norms through national identity via procedural justice,”（*Tohoku Psychologica Folia*, 82, pp. 1–13, 2024），“Influence of national identity on ideology of autonomy in social welfare,”（*Tohoku Psychologica Folia*, 79, pp. 1–11, 2020）など。

古地　順一郎（こぢ・じゅんいちろう）　第12章
北海道教育大学教育学部准教授。1974年生、山口県出身。Ph.D.（Political Science）.
著書に『地方発 多文化共生のしくみづくり』（共著、晃洋書房、2023年）、『ケベックを知るための56章【第2版】』（共著、明石書店、2023年）など。

坪内　淳（つぼうち・じゅん）　第13章
聖心女子大学現代教養学部教授。1969年生、東京都出身。修士（政治学）。
著書に『安全保障論（現代国際関係学叢書 第3巻）』（編著、志學社、2025年）、翻訳書に『ポスト西洋世界はどこに向かうのか――「多様な近代」への大転換』（監訳、勁草書房、2016年）など。

小松　志朗（こまつ・しろう）　第5章

山梨大学大学院総合研究部准教授。1978年生、埼玉県出身。博士（政治学）。

著書に『人道的介入——秩序と正義、武力と外交』（早稲田大学出版部、2014年）、論文に「民主主義国のロックダウンの比較分析——ニュージーランド、イギリス、日本」（『日本比較政治学会年報』第25号、23-49頁、2023年）など。

宮脇　健（みやわき・たけし）　第6章

日本大学危機管理学部准教授。1979年生、千葉県出身。修士（政治学）。

論文に「子供への体験型の防災教育は効果があるのか」（『危機管理学研究』第6号、128-139頁、2022年）、「地震発生時にソーシャル・キャピタルは『共助』を促進するのか——熊本地震の被災者へのアンケート調査を用いて」（『法学紀要』第62巻、149-166頁、2021年）など。

杉浦　功一（すぎうら・こういち）　第7章

文教大学国際学部教授。1973年生、大阪府出身。博士（政治学）。

著書に『国際連合と民主化——民主的世界秩序をめぐって』（法律文化社、2004年）、『民主化支援——21世紀の国際関係とデモクラシーの交差』（法律文化社、2010年）など。

浅井　直哉（あさい・なおや）　第8章

日本大学法学部准教授。1990年生、東京都出身。博士（政治学）。

著書に『政党助成とカルテル政党』（勁草書房、2023年）、翻訳書に『カルテル化する政党』（共訳、勁草書房、2023年）など。

福森　憲一郎（ふくもり・けんいちろう）　第9章

日本大学法学部専任講師。1991年生、岩手県出身。博士（政治学）。

論文に「ガバナンス・ネットワーク論における政治的リーダーシップの再検討」（『政経研究』第60巻第1・2号、52-86頁、2023年）、「政治システム論とカウンター・デモクラシー論の接合可能性」（『法学紀要』第63巻、231-254頁、2022年）など。

執筆者紹介

岩崎 正洋（いわさき・まさひろ） 序章 ＊編者

日本大学法学部教授。1965年生、静岡県出身。博士（政治学）。

著書に『政党システム』（日本経済評論社、2020年）、*The Presidentialization of Japanese Politics*（Routledge, 2023）など。

西岡 晋（にしおか・すすむ） 第1章

東北大学大学院法学研究科教授。1972年生、東京都出身。修士（政治学）。

著書に『日本型福祉国家再編の言説政治と官僚制——家族政策の「少子化対策」化』（ナカニシヤ出版、2021年）、『揺らぐ中間層と福祉国家——支持調達の財政と政治』（共編著、ナカニシヤ出版、2023年）など。

上田 太郎（うえだ・たろう） 第2章

早稲田大学本庄高等学院教諭。1973年生、神奈川県出身。修士（政治学）。

著書に『危機とシステム変動』（共著、北樹出版、2000年）、『教師のための現代社会論』（共著、教育出版、2014年）など。

山本 達也（やまもと・たつや） 第3章

清泉女子大学学長・地球市民学部教授。1975年生、東京都出身。博士（政策・メディア）。

著書に『革命と騒乱のエジプト——ソーシャルメディアとピーク・オイルの政治学』（慶應義塾大学出版会、2014年）、『地域間共生と技術——技術は対立を緩和するか』（共著、早稲田大学出版部、2023年）など。

佐川 泰弘（さがわ・やすひろ） 第4章

茨城大学理事・副学長。1964年生、徳島県出身。修士（政治学）。

著書に「フランス政党制の変遷の中でのマクロン現象」（岩崎正洋編『議会制民主主義の揺らぎ』勁草書房、2021年）、論文に「近年のフランスにおける中央－地方関係の動向——『競争的調整』を通じた国家の再浮上」（『日仏政治研究』第13号、1-13頁、2019年）など。

政治に正解はあるのか

2025年4月1日　第1刷発行

編著者　岩　崎　正　洋
発行者　柿　﨑　　　均
発行所　株式会社 日本経済評論社
〒101-0062 東京都千代田区神田駿河台1-7-7
電話 03-5577-7286　FAX 03-5577-2803
E-mail：info8188@nikkeihyo.co.jp
http://www.nikkeihyo.co.jp
装幀・德宮峻　KDAプリント／根本製本

落丁本・乱丁本はお取り換え致します。　Printed in Japan
価格はカバーに表示してあります。

ISBN978-4-8188-2678-6 C1031